甘当人梯 敢为人先
——构建高水平科技知识服务机构之路

中国科学院文献情报中心 编著
李猛力 主编

科学出版社
北京

内 容 简 介

当前，新一轮科技革命和产业变革突飞猛进，科学研究范式正在发生深刻变革。科学数据的爆炸式增长给前沿科学项目带来了巨大挑战。如何顺应这一潮流，在推进自身体制机制改革的同时，利用好大数据技术，将智力与技术资源更巧妙地结合，服务科技创新和科研决策需求？这是摆在科技知识服务机构面前的一大考题。本书以我国最早建立的科技知识服务机构之一——中国科学院文献情报中心为例，记录了该机构70余年发展历程中数次重大改革，还原了该机构从传统图书管理，到文献服务，再到构建高水平科技知识服务机构的发展之路。阅读本书，可以为科技知识服务机构如何立足高端智库需求，发挥知识服务的更大价值与影响力给出解答；为在我国情报研究向智库研究转化的过程中，知识服务如何更有效地支撑智库建设等问题提供借鉴思路；对构建多层次、多方位、多专业、高质量的决策咨询体系，不断提高科学决策的水平具有参考意义。

本书的读者群体主要包括但不限于政府、军队、科研院所、高校、企业的广大科技人员和科技管理人员，特别是对支撑科技决策、支撑科技创新的知识服务体系构建以及对知识服务的价值和意义研究感兴趣的人士。

图书在版编目（CIP）数据

甘当人梯　敢为人先：构建高水平科技知识服务机构之路/李猛力主编.
—北京：科学出版社，2023.3
ISBN 978-7-03-074914-7

Ⅰ.①甘⋯　Ⅱ.①李⋯　Ⅲ.①知识经济-咨询服务-研究-中国
Ⅳ.①C932.6

中国国家版本馆 CIP 数据核字（2023）第 028993 号

责任编辑：余　丁 / 责任校对：胡小洁
责任印制：师艳茹 / 封面设计：楠竹文化

科学出版社 出版
北京东黄城根北街16号
邮政编码：100717
http://www.sciencep.com
北京建宏印刷有限公司印刷
科学出版社发行　各地新华书店经销
*
2023年3月第　一　版　开本：720×1000　1/16
2024年9月第二次印刷　印张：17　1/4
字数：247 000
定价：168.00元
（如有印装质量问题，我社负责调换）

谨以此书
向所有参与、支持中国科学院
图书情报事业发展的人士致敬

《甘当人梯 敢为人先——构建高水平科技知识服务机构之路》编委会

顾　　问：郭传杰　徐引篪　张晓林　沈　颖　许　平　黄向阳
　　　　　刘会洲　何　林　孙　坦　辛希孟　贾宝琦　周金龙
　　　　　戴利华　陈　丹　张志强　方　曙　钟永恒　张　薇
　　　　　孟广均　初景利
主　　编：李猛力
副 主 编：刘细文　张智雄　潘亚男　刘　清　曲建升
编　　委：（按姓氏笔画排序）
　　　　　于建荣　王学昭　邓　勇　田　宏　刘　宇　刘志刚
　　　　　刘艳丽　刘峻明　刘雅静　刘筱敏　江　洪　李　苑
　　　　　李春旺　李　玲　杨立英　肖国华　吴　鸣　吴新年
　　　　　宋秀芳　张冬荣　张宏翔　张建勇　张洪峰　张海峰
　　　　　罗　琳　金碧辉　周宁丽　赵亚娟　赵　艳　胡　伟
　　　　　胡　艳　姚丹丹　贾　苹　夏　源　钱　力　翁彦琴
　　　　　唐宏瑞　涂志芳　龚惠玲　梁　娜　韩　涛　谢　靖
主任编辑：李　楠
编　　辑：（按姓氏笔画排序）
　　　　　龙　琦　杨　琪　沈春蕾　张双虎　黄　蕾　韩扬眉
　　　　　傅　利

前言 Preface

习近平总书记指出，科技兴则民族兴，科技强则国家强。我国科技事业取得的历史性成就，是一代又一代矢志报国的科学家前赴后继、接续奋斗的结果。

新中国成立前夕，党和国家领导人在擘画新中国发展蓝图时，即着手筹建全国最高学术机构——一所"人民所有的科学院"。1949年11月1日，中国科学院宣告成立。

那个年代，面对西方资本主义国家的全面封锁，我们没有与世界各国广泛交流的机会。为了解决科技发展与科技资料基础薄弱的矛盾，1950年，中国科学院成立图书管理处，负责为科学家收集世界各国出版的科学图书和期刊，这便是中国科学院文献情报中心（以下简称文献中心）的前身，也是中国科技情报工作的发端。

文献中心70余年来历经数次重大改革，转型升级步伐清晰可见：20世纪，从最初的到馆文献借阅服务，到图书情报一体化升级；进入21世纪，迎来"进创新、进新馆"的历史契机，实现数字化文献信息服务，并拓展知识服务，组织全院文献情报系统共同建设数字化、网络化的科技信息集成服务体系；进入新时代，以数据与技术要素为双驱动，全力构建高水平的科技知识服务体系。可以说，每一次跨越蜕变，无不体现着文献中心紧跟时代脉搏转型变革的演进节奏。

70余年来，几代图情人始终传承"甘当人梯、敢为人先"的精神，立足中国科学院、面向全国，为科技自主创新提供战略情报研究服务、文献信息

甘当人梯 敢为人先——构建高水平科技知识服务机构之路

保障、公共信息服务平台支撑和科学交流与传播服务，为国家科学技术发展、改革创新实践发挥着"助推器"和"加速器"的作用，为推动科技、经济与社会的发展作出了重要贡献。

当前，世界正经历百年未有之大变局。科技革命正在加速演进，科研范式发生深刻变革，数据驱动正在成为第四种科研范式，在人工智能、生命科学、社会科学等方面得到广泛应用。放眼全球，信息技术的快速发展，催化了数据科学场景下科研组织提高科学研究的可复现性、实现开放科研、开展跨学科领域的交叉研究等协同诉求，这也给文献情报工作带来了巨大的挑战和机遇。

习近平总书记指出，当今世界，发展科学技术必须具有全球视野，把握时代脉搏，紧扣人类生产生活提出的新要求。这一重要论述为我们推动全球科技创新协作、积极参与全球创新网络、营造一流创新生态、通过科技创新共同应对时代挑战提供了根本遵循。因此，作为国家级研究型科技信息机构，文献中心将积极参与到全球化的创新浪潮中来，建成全球高质量开放学术论文汇聚平台，加强同国际知名机构与学者的战略合作与学术交流，吸引世界一流的专家学者从事科教工作，提升学术研究水平，力争科技情报研究与服务影响力进入世界前列，成为国家高水平科技智库建设的核心支撑、国家科技创新知识服务的重要平台、国家高端学术交流体系的关键组成、国家科技信息保障的中坚力量。

新时代赋予我们新的使命。党的二十大报告将教育、科技、人才作为全面建设社会主义现代化国家的基础性、战略性支撑，一体部署、统筹推进，对国家战略科技力量提出新的更高要求，充分体现了以习近平同志为核心的党中央对科技创新工作的高度重视和殷切期望。

"实现高水平科技自立自强，进入创新型国家前列"是党的二十大明确的到 2035 年我国发展的总体目标之一。为更好支撑中国科学院重大科技任务攻关，培养集聚高水平科技人才队伍，在原始创新和关键核心技术攻关上取得一批重大成果，为实现高水平科技自立自强作出新贡献，文献中心将坚决贯

前 言

彻习近平总书记对中国科学院提出的"四个率先"*和"两加快一努力"**要求，坚守"国家队""国家人"的使命定位，做好"国家事"，扛起"国家责"。

凡是过往，皆为序章。文献中心将坚持以习近平新时代中国特色社会主义思想为指导，认真学习宣传贯彻党的二十大精神，坚持和加强党对图情事业发展的全面领导；进一步发扬"甘当人梯、敢为人先"的图情精神，更加注重科技战略情报的前瞻思考，统筹做好中国科学院文情系统的整体规划，不断深化体制机制改革，坚持一体化、一盘棋发展布局；培养一支能综合利用现代技术与方法，充分发挥中国科学院建制化体系优势，能坐冷板凳、能打硬仗的文献情报队伍，当好"国家队"的"耳目""尖兵"和"参谋"，为将文献中心建设成为院党组信任、科学家倚重、支撑国家科技强国建设不可替代的高水平科技情报研究与知识服务机构而团结奋斗，为全面建设社会主义现代化国家、全面推进中华民族伟大复兴贡献智慧和力量。

本书试图从文献中心的发展历程中，以数次重大改革为主线来解读这一国立科技情报机构历经 70 余载的创新发展轨迹，为相关科技情报机构、科研工作者和管理者以及图书情报领域的读者，提供发展路径的镜鉴。

编委会
2022 年 12 月

---

* 2013 年 7 月 17 日，习近平总书记在视察中国科学院时提出了"四个率先"的要求：率先实现科学技术跨越发展，率先建成国家创新人才高地，率先建成国家高水平科技智库，率先建设国际一流科研机构。2014 年 7 月 7 日，国家科技体制改革和创新体系建设领导小组第七次会议审议通过了中国科学院《"率先行动"计划暨全面深化改革纲要》。

** 中国科学院"两加快一努力"即加快打造原始创新策源地，加快突破关键核心技术，努力抢占科技制高点。2019 年 11 月 1 日，习近平致信祝贺中国科学院建院 70 周年，他强调，加快打造原始创新策源地，加快突破关键核心技术，努力抢占科技制高点，为把我国建设成为世界科技强国作出新的更大的贡献。

Contents 目 录

前言　i

上编　发展历程 /001

第一部分　起步：中国科学院图书情报工作开启序幕（1950—1985） /003

　　1.1　突破封锁，砥砺前行　/007

　　1.2　为科学家服务　/014

　　1.3　《科图法》诞生了　/020

　　1.4　确立图情一体化体制的"广州会议"　/024

第二部分　奋起：拥抱信息化变革新时代（1986—2000） /029

　　2.1　打开瞭望世界科技的窗口　/031

　　2.2　领衔"理、工、农、医"信息资源建设　/041

　　2.3　在情报研究与服务上干一番大事业　/048

　　2.4　图书馆也招研究生　/054

　　2.5　进创新，进新馆　/060

第三部分　升级：建设中国科学院国家科学数字图书馆（2001—2006） /067

　　3.1　先行先试，激发活力　/069

　　3.2　数字图书馆开辟新天地　/078

甘当人梯　敢为人先——构建高水平科技知识服务机构之路

　　　　　3.3　锻造强大的情报研究之翼　/ 087

第四部分　聚焦：一切从用户出发（2006—2014）　/ 093

　　　　　4.1　搞好这次改革，意义重大　/ 096

　　　　　4.2　整合力量，高举知识服务旗帜　/ 103

　　　　　4.3　融入一线，嵌入过程　/ 109

　　　　　4.4　让全国科技界满意　/ 117

第五部分　突破：聚力知识服务（2015—2020）　/ 125

　　　　　5.1　拆掉知识服务中的"墙"　/ 127

　　　　　5.2　从区域创新寻需求、觅动力　/ 138

　　　　　5.3　走出中国科学院，寻找更广阔的市场　/ 147

　　　　　5.4　疫情！疫"情"！　/ 152

第六部分　改革：蓄力再出发（2021年至今）　/ 158

　　　　　6.1　"不改革就将被改革"　/ 160

　　　　　6.2　"三个一线"征战"十四五"　/ 171

　　　　　6.3　将党建与图情事业拧成一股绳　/ 178

下　编　**访谈录**　/ 185

　　　　徐引篪：不忘初心，传承图情精神　/ 187

　　　　张晓林：我常想，我们有可能被什么颠覆　/ 192

　　　　黄向阳：技术铺路，让科研乘上知识服务"快车"　/ 203

　　　　刘会洲：数字资源犹如"富矿"，文献中心大有可为　/ 207

　　　　何林：发挥优势，大力弘扬科学家精神　/ 211

　　　　李猛力：唯有改革是不断前行的动力　/ 216

刘细文：对世界的"好奇心"，对"文情"的事业心　/ 222

刘清：武汉文献中心"双提升计划"大幕拉开　/ 228

曲建升：成都文献中心的"迭代升级"　/ 234

附　录　/ 241

大事记　/ 241

获奖情况一览　/ 252

后　记　/ 259

上 编

发展历程

第一部分

起步：中国科学院图书情报工作开启序幕（1950—1985）

1949年3月下旬，中共中央进驻北平（今北京）。在解放战争即将取得全国胜利的时候，中央考虑在新中国成立后建立统一的科学院作为全国最高科学机构，并由郭沫若负责。6月中旬，中央决定由宣传部部长陆定一负责筹备建立科学院，恽子强（时任华北大学工学院副院长）和丁瓒（中共南方局系统党员，在知识界从事革命活动，曾任重庆中央卫生实验院心理卫生室主任）协助陆定一工作。钱三强（北平研究院原子学研究所所长）和黄宗甄（中央研究院植物研究所助理研究员）参与其事。9月中旬，遵照陆定一的指示，钱三强和丁瓒共同起草了《建立人民科学院草案》（以下简称《草案》），丁瓒撰写院部任务与组织机构部分，钱三强撰写研究所部分。该《草案》勾画了科学院的基本框架，为科学院的筹建工作打下了良好的基础。[*]

这份《草案》描绘的正是即将建设的中国科学院（简称中科院）。"新的人民科学院和旧的研究机构之所以不同也在于此等新机构之设立，真正能对全国科学研究起计划指导作用，也在于此等工作的开展（如研究计划处等），所以更宜谨慎实施。"

---

[*] 佚名. 2000. 建立人民科学院草案. 中国科技史料, 21(4): 333-338.

甘当人梯　敢为人先——构建高水平科技知识服务机构之路

基于此宗旨,《草案》设计的中国科学院机关"各处主要机能"包括：编辑出版处，其职能有搜集重要科学资料，成立资料室；有计划地刊行本院重要论文；扶助国内各重要专门学会刊行科学专刊；按照刊行重要论文索引等。对外文化处，其职能明确写道：有计划地购买国外重要科学杂志并采购科学器材等。*

珍贵史料里总有让人眼前一亮的内容——"搜集重要科学资料，成立资料室"，"有计划地购买国外重要科学杂志"……在中国科学院图情人心目中，这既是职责所在，更是直穿 70 余载岁月，一代代图情人紧紧跟随科研所需，在祖国的大地上书写图书情报工作，从而支撑新中国科技事业节节攀升历程的生动指引。

让我们的目光再次回到那段激情燃烧的岁月。新中国成立一个月后，1949 年 11 月 1 日，中国科学院正式成立。新成立的中国科学院有着"一万年太久，只争朝夕"的气概。第二年，中国科学院组建首批 15 个研究所。科学家即将在祖国的大地上播种、培育科学之林，但仍然缺少一支科技保障队伍。

1950 年 4 月 28 日，中国科学院在办公厅下设图书管理处，管理全院图书工作。自此，一支为科学研究提供科技支撑保障服务的队伍登上了历史舞台。1951 年 2 月，图书管理处更名为中国科学院图书馆（本书中简称院馆**），首任馆长由时任中国科学院副院长陶孟和兼任。

将接管、接收的 32 万余册资料、图书管理好，将来自社会各方的慷慨馈赠整理好、用好，将一切机会与资源利用起来，从国内外积极采买、交换科学研究所需之文献……院馆成立之初，铆足劲头为百废待兴的科技事业贡献一份力量。开拓者们在寻找自身定位、摸索行动逻辑的过程中，也在悄然凝结中国科学院图情人独特的精神内涵。

1956 年 7 月 22 日，陶孟和在《人民日报》发文，提出"图书馆要为科学家服务"的主张。自此，围绕科学家需求，跟踪科技进展，全力

---

* 贾宝余，任安波. 2021. 中国科学院建院早期的"制礼作乐"——浅谈钱三强等科学家的贡献和作用. 科技中国，(11): 80-84.
** 因历史变迁、机构名称更迭等，本书中所提及的"院馆"，即为中国科学院文献情报中心（简称文献中心）于 1950—1985 年所使用简称。

满足科研需要，成为院馆的神圣责任。

正是这份最为朴素的初心，让院馆得到长足发展。至1965年底，以自然科学和工程技术文献为主的馆藏已近300万册；中关村书库、阅览室等文献服务场馆相继投用；1957年，院馆研制的新中国图书分类体系代表作《中国科学院图书馆图书分类法》（简称科图法），被称为业内经典；学术研讨、互访交流也得到积极开展；在全国最先开展专利查询业务、复印服务；1959年，佟曾功在苏联国立莫斯科图书馆学院研究生部获教育科学副博士学位，同年归国后加入院馆，院馆人才队伍建设有了新面貌……

即使在"文化大革命"时期，院馆仍一如既往地为科研工作者提供各类服务。

1978年，"科学的春天"来了！全国科学大会召开，中国科学院图书馆各项工作得以恢复与振兴，服务工作稳步开展。

年近而立的院馆精神振奋，在《光明日报》上发表《一切为了科研第一线——中国科学院图书馆记事》一文，标志着图书情报一体化的实施提上日程。

"一切为了科研第一线"，既是图书馆人发自肺腑的感慨，更成为院馆各项业务的行动指南。同样是在这一年，中国科学院图书情报工作会议在广州召开。

此次会议在施策中颇有分量：中国科学院实行"图书情报一体化"体制，著名的"两个一部分"（即图书情报工作是科学研究工作的一个组成部分，图书情报人员是科学研究人员的一个组成部分）的定位被正式提出，会议还制定了《中国科学院图书情报工作暂行条例》《中国科学院图书情报工作发展规划纲要（1979-1985）》（草案）。自此，中国科学院文献情报工作进入新的发展时期，图书情报进入一体化探索阶段。

1985年11月，为了进一步推动"图书情报一体化"进程，加快从传统图书馆向现代文献情报机构的转变，中国科学院院长办公会议决定，将中国科学院图书馆改名为中国科学院文献情报中心。*

---

* 白国应. 1992. 中国科学院实行图书情报一体化的回顾和展望. 情报杂志, 11(1), 24-28.

甘当人梯　敢为人先——构建高水平科技知识服务机构之路

紧接着，上海、兰州、成都和武汉 4 个地区图书馆相继更名为地区文献情报中心。中国科学院分布于全国的一些研究所图书情报室也纷纷改名为文献情报室。此次调整改革使得中国科学院文献情报体系的结构得到进一步完善。

从无到有，中国科学院文献情报事业的帷幕由此拉开；从单一布局到体系化发展，从顺势而为到主动拥抱变革、谋划变革，院馆进入快速发展的新阶段。

1.1 突破封锁，砥砺前行

新中国成立之初，全国科技人员不超过 5 万人，约占全国总人口的 1/9000，其中专门从事科研工作的人员仅有 600 余人，这远远不能满足新中国建设的迫切需求。

在这百废待兴、万事待举的共和国奠基时期，中国共产党始终把发展科学技术摆在国家战略的重要位置，在科技队伍建设、科技机构设置、先进技术引进等方面予以高度重视。中国的科技体系，在中国共产党的坚强领导下逐步建立，日臻完善。

1949 年 11 月 1 日，中国科学院正式成立。在接收原北平研究院、原中央研究院和其他研究机构的基础上，中国科学院很快调整组建了第一批研究机构。

据时任中国科学院副院长陶孟和（图 1-1）在《图书馆要为科学家服务》一文记载，当年，中国科学院面临的最迫切的工作是将科学工作者认为最重要的世界各国过去出版的科学图书、期刊尽可能地收购齐全，以供使用。

众所周知，现代科学起源于欧洲，近二三百年以来快速发展，因此绝大部分的科学刊物都是用欧洲文字撰写刊行的。在新中国成立以前，中国没有采购大量科学书刊的能力，已

图 1-1　陶孟和（1887-1960），首任馆长，著名社会学家，中国新文化运动的先驱者之一，中国科学院学部委员，中国科学院副院长兼中国科学院图书馆馆长，是中国科学院图书馆的创始人，对中国科学院和中国图书馆事业的发展做出了重要贡献。

甘当人梯　敢为人先——构建高水平科技知识服务机构之路

经买到的一些现代科学书刊,又不幸地遭到日本侵华战争的破坏。因此,我国所保有的科学文献资料的基础是非常薄弱的。

1950年,中国科学院图书管理处成立。参与了中国科学院筹建工作并精通五国语言的关肇直,担任首任图书管理处处长,同时兼任原中国科学院编译出版局处长(当时未设局长)、图书办公室主任等职务。很快,中国科学院图书资料管理工作走上正轨。

1951年2月3日,中国科学院院长会议决定(图1-2),将院办公厅图书管理处改为中国科学院图书馆(以下简称院馆),直属院长领导,是中国科学院管理图书供应和对外书刊交换的机构,首任馆长由陶孟和兼任。

1951年9月,中国科学院设立图书委员会,在院长直接领导下统一指导有关全院图书管理事宜,陶孟和兼任馆长和图书委员会主任。该委

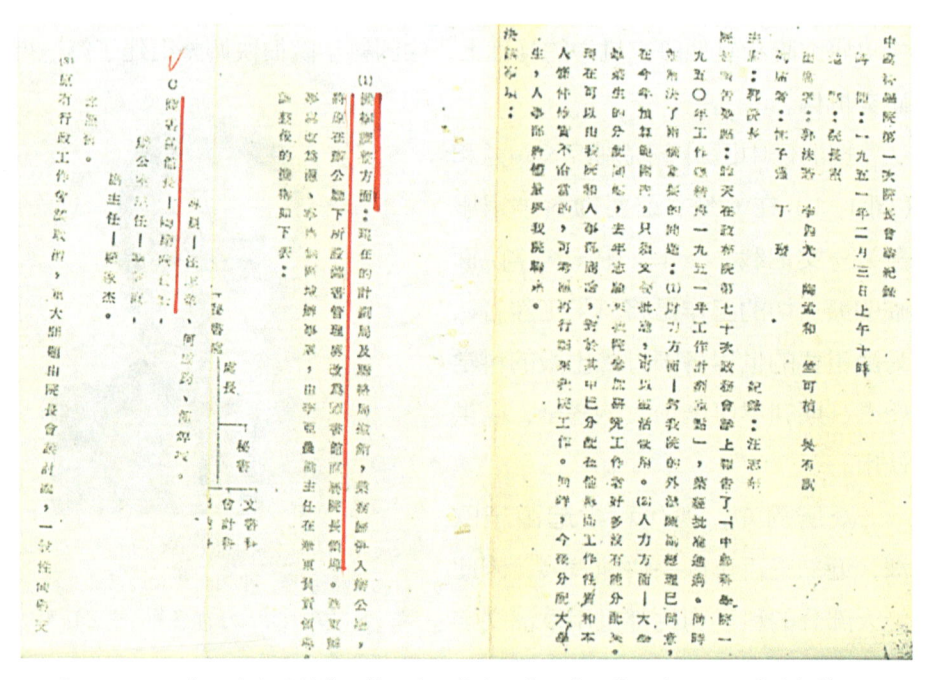

图1-2　1951年2月中国科学院第一次院长办公会,决议将院办公厅下属图书管理处更名为中国科学院图书馆。

上 编　发展历程

会决定成立上海分馆、南京图书组，确立了图书调拨原则，基本明确了院馆与分馆、研究所图书馆的业务领导关系。

这一时期，为满足中国科学院迅速在全国各地设立分院并设置相应分院图书馆（以下简称分馆）的实际需要，院馆及各分馆的工作任务以及业务关系逐渐明确并制度化。1954年7月，院务会议通过的《中国科学院图书馆暂行组织规程》规定，中国科学院京外分院设立分馆，受本地分院及院馆的双重领导，京区研究所的图书馆（室）同样受本所及院馆的双重领导。院馆的主要任务：一是统一管理全院图书工作；二是供应并调剂本院各研究机构的图书资料；三是负责对国外交换图书。*

建馆初期，图书管理处全面接收和管理原中央研究院历史语言研究所的328,914册图书，内容以社会科学类居多，成为院馆藏书的基础。随后，院馆相继接管、接受数批不同领域书籍，丰富了馆藏书籍种类。其中，数量较大的包括：

1953年，接收了原中央研究院历史语言研究所的藏书87,000册，其中包括关于我国经济资源调查的相关资料。

1954年，北京工业学院将前中法大学藏书61,000册赠予院馆，其中有44,000册是关于地质、古生物、生物等方面的小册子，以及3,000余册法文期刊合订本。

1955年，财政经济出版社赠予前中央财政经济委员会的藏书24,000册，其中包含有关商业情报、物价及统计方面的刊物，对研究我国经济史具有参考价值。

1955年，东北图书馆将所存罗振玉刊印的图书和东北地方志，以及日文图书4,000余册捐赠院馆。

同年，为接收南满洲铁道株式会社的一批书，时任中国科学院副院长贺昌群不顾年老体弱，亲自带队去大连商谈办理接收事宜。在较短的时间内，经过筛选，挑选出符合馆藏范围的书刊，并全部登记造册、入藏，编

---

* 中国科学院图书馆. 1959. 十年来中国科学院的图书馆工作（1949—1959）（向建国十周年献礼）. 北京：中国科学院图书馆：1.

甘当人梯　敢为人先——构建高水平科技知识服务机构之路

出书本目录供读者使用、查阅。

1950年至1955年，图书馆的主要工作是为各研究所采购图书。由于内部要对进口书目严格审批，外部又受到封锁，总馆除接受调拨及赠与外，只购买中、俄文书，资本主义国家的书只购买科学史及工具书等*，且数量不多。1951年国家只拨给外汇35万美元，便已绰绰有余**。国际书刊交换以及有关单位、国家领导人、科学家、爱国人士等向院馆无偿捐赠书刊的善举，为充实馆藏作出了巨大贡献。

1.1.1　从零开始，创建国际书刊交换工作

国际书刊交换工作几乎是与图书管理处同时起步，从零开始。1949年中国科学院成立，陶孟和兼任联络局局长，他主张开展国际书刊交换工作。

1951年陶孟和兼任院馆馆长，于是，这项工作转由院馆统一办理，包括研究所及自然科学学会、协会的书刊交换。院馆作为对外交换图书的机构，统一接受国外赠送和交换书刊，并收入馆藏或转给各研究所。

万事开头难，没有经验、无章可依、无据可循，在陶孟和馆长的带领下，图书馆团队共同商讨制定了国际书刊交换条例；交换组根据不同需要设计了各种用途的卡片，如国外交换机构卡、交换期刊和寄发书刊登记卡等，并组成几套目录，使工作环环相扣。

陶孟和馆长知识广博，精通英、法、日、拉丁文等语言，在一年半的时间里主动发出征求交换意向信件近5,000件，他还经常指导交换组学习如何筛选对口专业的书刊。钱学森、华罗庚、汤佩松、杨钟健、夏鼐等著名科学家都为交换组挑选过书刊交换目录。

这个时期，国外科学代表团纷纷来访，给中国科学院赠送大量书刊，其中苏联科学院赠送量最大。1955年，苏联科学院代表团将该院早年出版物67,000册赠送给中国科学院，这批书刊包括俄罗斯帝国时代及十月

---

*　张静 . 2019. 新中国学习外国科技的转向（1956—1966）. 中共党史研究，(9), 28-39.
**　武衡 . 1992. 科技战线五十年 . 北京：科学技术文献出版社：277.

革命后出版的书刊，是一批珍贵的科学文献。1956 年，苏联科学院代表团前来帮助我国制定科学发展远景规划时，又赠送给中国科学院约 2,000 册科技书刊。图 1-3 为 1957 年 9 月 1 日，在北京展览馆举行国外科技书刊展览。

图 1-3　1957 年 9 月 1 日，在北京展览馆举行国外科技书刊展览。

在美国对我国封锁科技资料期间，苏联赠送的书刊无异于雪中送炭，对我国科研工作起到了积极作用。

到 1965 年，院馆与 69 个国家的 1,829 个机构开展交换工作，极大地丰富了馆藏，提高了文献收藏品质，在当时的国内图书馆界享有盛名。

1.1.2　为图书馆建设解囊相助的科学家

院馆从无到有、从小到大，在一个十分薄弱的基础上，建成了一座科学宝库，其背后离不开众多科学家的关心与支持。

陶孟和馆长在任期间，把自己收藏多年的研究用书约 1,000 册无偿捐赠给图书馆，以充实馆藏；时任中国科学院院长郭沫若（图 1-4），副院

| **甘当人梯　敢为人先**——构建高水平科技知识服务机构之路

长李四光、竺可桢（图1-5）和钱三强等先后赠送图书1,100多种；遗传学家、北京大学生物系教授李汝祺捐赠遗传学方面的图书1万余册；英国生物化学和科学史学家李约瑟（图1-6）赠图书42种394册；国家领导人朱德同志用自己的稿费为院图书管理处购买德文图书30余种……自建馆后的10余年里，院馆陆续接受有关单位及个人捐赠的书刊达数万册。

图1-4　院馆向时任中国科学院院长郭沫若致捐赠图书的感谢函。

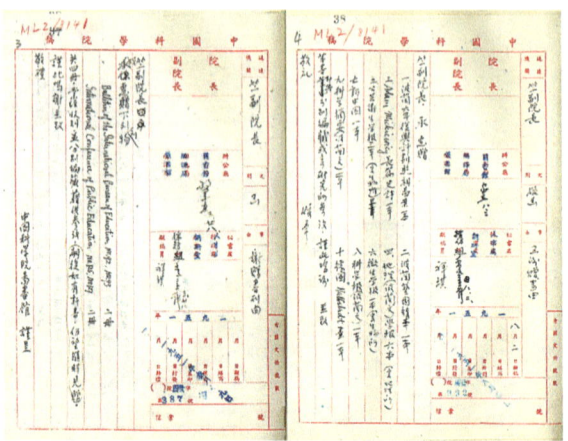

图1-5　院馆向时任中国科学院副院长竺可桢致捐赠图书的感谢函。

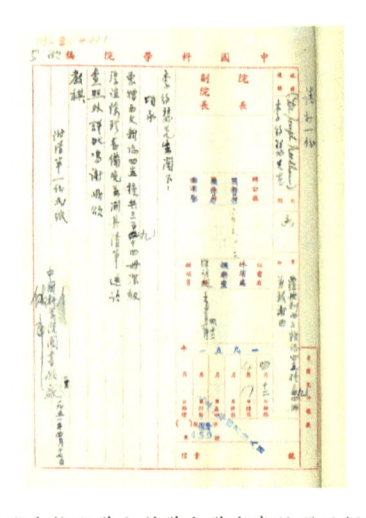

图1-6　院馆向著名生物化学和科学史学家李约瑟致捐赠图书的感谢函。

1956年党中央发出"向科学进军"的号召，国务院批准中国科学院可直接向国外订书，并追拨了一笔购书预算款，院馆开始有计划地大量补充图书资料，收藏的文献主要以自然科学和工程技术文献为主。1956年全年入藏的期刊总量达到17万多册，并基本补全当时近10年内出版的国内外重要科技图书。

随着一些学术价值较高、科研急需的学术会议录、科技报告、政府出版物、专利说明书和技术标准等文献资料的大量搜集和补充，院馆初步形成了以科技图书、期刊及特种文献为主的科技图书馆馆藏体系。入藏的文献总量从刚成立时的32万余册增长到1955年底的93万册。到1965年底，入藏文献总量已接近300万册。

1.2 为科学家服务

1956年1月,是中国现代科学技术发展史上的一个重要里程碑。随着党中央提出了"向科学进军"的号召,科学技术事业开始进入一个有计划的、蓬勃发展的新阶段。

1956年7月22日,陶孟和在《人民日报》上发表题为《图书馆要为科学家服务》的文章(图1-7)。他在文章中指出:"党和政府向科学大进军的号召,进一步加重了图书馆为科学工作者服务的任务。图书馆欢迎这个光荣的任务,应该用一切力量准备充分的科学文献资料,足以随时供应科学工作者的需要。"

图1-7　1956年7月22日,陶孟和馆长发表文章《图书馆要为科学家服务》以及在全院第一次图书馆工作会议上讲话。

1.2.1　全面开展图书馆服务

院馆刚一成立,即向院内外所有科研读者提供文献借阅服务,1954年底,图书总借阅量已达到6.5万余册。当时,借阅书刊的院内外读者数量基本相当。

1958年9月1日,在原中国科学院编译出版委员会指导下,院馆组织召开全院图书馆工作会议,提出了图书馆"开门办馆,勤俭办馆,为无产阶级政治服务,为科学研究服务,为生产建设服务"的办馆方针。

为全面落实为科研服务的思想,院馆从1956年起开始扩充阅览室,增设专利文献阅览室和缩微资料阅览室,1958年在科研人员密集的中关村地区设立西郊服务站,加强为中关村各研究所的图书借阅服务。

1959年,院馆中关村书库落成,原藏于北京城内王府井书库的自然科学书刊迁至此,并正式设立自然科学服务部,方便了为中关村各研究所研究人员提供就近服务,使馆藏利用率大幅度提高。当年的书刊借阅量即达到30万册。院馆八处书库如图1-8所示。

图1-8 自20世纪50年代起,院馆藏书陆续分散保存于王府井大街、东四十三条、中关村、孚王府(九爷府)、西颐北馆、成都双流、东厂胡同、端王府八处书库(按上图依次顺序),俗称"八大处"。

除接待来馆读者外,院馆还开展了信函借书、送书上门、国内外馆际互借、复制照相等服务项目,并将阅览服务时间由每天的8小时延长至13小时,周末照常开放。

兰州馆于1958年增设了4个专门阅览室,全年到馆读者迅速增长14倍,达到1万人次,流通书刊达6,000册。1963年,该馆还在西安设立分馆,为西安地区的科研人员开展服务。到1965年,兰州馆接待读者最多时超过5万人次/年。另外,武汉馆于1959年正式成立阅览组,为便利读者实行开架借书服务。

| 甘当人梯　敢为人先——构建高水平科技知识服务机构之路

1.2.2　文献复制，资料共享的好手段

新中国成立之初，我国许多科研单位还处于起步阶段，普遍缺乏科研参考资料，科研人员主要通过文献复制的方式来获取所需资料。

文献复制是院馆开展较早的工作之一。早在图书馆前身——位于文津街院机关内的院图书管理处时期（图1-9），图书管理处就与北京图书馆共同建立联合复制室，负责双方的文献复制工作。图书管理处迁到王府井大街、正式成立中国科学院图书馆后，即建立文献复制组，隶属于阅览部之下，成为院馆读者服务部门之一，也是院馆建立最早的一个技术部门。

图1-9　中国科学院图书管理处同仁随院部机关迁入新址文津街3号。

文献复制是书刊流通的一种较好的辅助手段，是书刊阅览、出借工作的延伸。当时京外及边远地区的科研单位和读者不能经常到馆里来查阅资料，他们就通过信件的方式获得需要的资料复制品。由于那个时期复制组还兼管着馆际互借和国际互借工作，因此更方便满足科研单位和读者提出的资料需求，使得资料复制品的提供率非常高。

1.2.3 文献服务，让更多人享受图书馆的红利

佟曾功是一位留苏归来的资深专家，他提出"我们图书馆不能光满足于被动地等读者上门借书，而是要主动地向读者揭示我们的馆藏，要主动服务"。

经过研究，院馆决定开展"三合一"宣传推广工作，目的是让广大读者了解和懂得如何利用丰富的馆藏资源助力科研工作。具体做法包括开报告会、组织参观和举办展览等。

通过直接和读者接触，院馆了解到，科研人员希望能从图书情报中快速获取有用的资料，于是从1962年起，院馆开始举办各种专题书刊展览，如"地下水""盐碱土""科学实验室""激光器"等。每做一个专题展览，都从检索工具中找到所需资料，再从相关的最新期刊中选出最新资料，把能获得这些资料的检索工具一并展出，外文资料都翻译成中文，并把展出资料编印成《专题展览目录》。

其中"激光器"专题展的效果非常好。"激光器"在当时是一个较新的课题，中国科学院物理所参加了这个专题展后，决定和院馆合作编印出版每月最新激光资料目录，院馆负责做定题跟踪服务。这项合作延续了很多年。

为了更好地服务科技界，院馆先后参与了"加速器""低温超导""等离子体""生物工程""遗传工程""全国环境保护会议""托卡马克八号装置"等几十次专题学术会议的服务工作。这些专题学术会议大都是全国性的，而且规模比较大。

例如，20世纪70年代，在安徽合肥召开"托卡马克八号装置"专题学术会议。由于该课题比较专、深，院馆工作人员与研究所的科研人员紧密合作，对科研人员重点要求的资料，从院馆、中国科学院物理所、中国科技情报所、安徽合肥光机所4家单位收集，并共同提供，再由科研人员把关审核，确保此次学术会议圆满举办。院馆为此获得了时任中国科学院副院长钱三强的特别点名表扬。

1.2.4　二次文献工作提升科研服务水平

通常，科技报告、专利文献及期刊论文等被称为一次文献；对分散在单篇文献中的信息经过筛选、浓缩，并按照一定的科学方法编排，以目录、索引、文摘、简介、题录等方式进行再次编辑，这类工作被称为二次文献编制。

院馆建立之后，藏书日渐丰富，科技文献数量激增、类型繁多、文种多样、出版分散，这些问题给科技人员查找文献资料带来困难。如果图书馆忽视了文献资料的加工和传递，一些有价值的科学情报文献就得不到及时交流和充分利用。

在读者服务工作中，工作人员经常碰到如下情况：科技人员需要的文献资料往往不是一本书、一份杂志、一篇资料，而是某一专题内容的情况或者获取某一系统专题情报的途径。因此，图书馆除了利用现有检索刊物进行服务外，主动编制文献专题索引就显得尤为必要了。

可以说，二次文献工作不仅是情报研究工作的基础，更是图书馆工作的生长点，这项工作的优劣直接关系到科技文献利用率和情报研究工作的效率。

为了充分开发图书馆所藏文献，院馆加强了文献报道工作。从1952年起，院馆工作人员开始编制各种书目和索引（图1-10）。其中包括《苏联科学期刊论文索引》《自然科学期刊索引》，联合北京地区各大图书馆编制的《新到图书公告》；编制了全院性的联合目录以及为新成立研究所图书馆选购书刊的各种专科基本书目，如《全院西文期刊总目》《中国科学院入藏化学期刊总目》等5种联合目录；编制了有关高分子化学、有色金属与稀有金属等9种基本书目。

武汉分馆从1959年起先后编制了化学、水生生物学和土壤微生物等专题的多语种期刊论文索引，并与湖北省图书馆共同牵头组织武汉地区三大系统图书馆协作，还陆续编印了《武汉地区农业图书馆联合目录》《武汉地区化学、化工书籍联合目录》等多种联合目录。

图 1-10　20 世纪 50 年代院馆编制的各种馆藏文献目录。

上海分馆的文献目录工作偏重在医学方面。他们结合地区实际编制了《中日文书刊肿瘤文献索引初编》《针灸学书刊文献索引初编》，这些目录对开展肿瘤与针灸的研究工作起到了很大的帮助。

兰州分馆编制文献目录的范围较广，从 1958 年到 1959 年，分馆结合政治时事学习、生产建设运动，编制了具有实用参考意义的文献目录 10 余种，注意到目录的思想性和推荐性，如《学习毛主席著作参考资料索引》《学习马恩列斯论共产主义社会及斯大林论苏联社会主义经济问题参考资料索引》《布氏杆菌和布氏杆菌病参考资料索引》及《农田水利及水土保持参考资料索引》等。这些工作极大地方便了科研人员对馆藏资源的查询和利用。

1.3 《科图法》诞生了

20世纪50年代初，院馆及中国科学院各研究所图书馆（室）在建立分类目录和排列图书时所采用的分类法并不一致。这些分类法中，有的已逐渐陈旧，有的却过于简单，与科学发展和图书增长的要求不相匹配，而且分类方法系统不一、使用起来很不方便，极不利于研究人员利用和掌握文献资料。

自然科学、应用技术领域的图书有其自身的学科特点，在编制分类法时需体现相关特点，显然，一种分类法不能适用于所有类型的图书。因此，如何使研究人员更便利地掌握、使用院馆所藏文献资料，成为院馆当时面临的一大任务。

此时，全国的图书分类法也面临着破旧立新的形势，图书馆迫切需要编制一部新的图书分类法。原文化部文物事业管理局十分重视这一工作。1950年6月—9月，全国各部门专家应邀参加了多次图书分类法问题座谈会，准备新编一种比较完善的适用于一般图书馆的图书分类法。该局决定先由有关部门草拟各大类的细目，再由中国科学院承担自然科学和应用技术两部分。白国应在《科图法的由来和发展》一文中如是记录。

在此情况下，陶孟和、时任中国科学院图书管理处处长关肇直和副处长顾家杰建议，中国科学院编制一个适合于院内各图书馆（室）统一的分类法。1951年6月7日，这一建议方案得到郭沫若院长的批准。

图书馆业务工作的核心任务是进行知识组织。这一任务的完成，主要依靠图书分类体系。从古至今，关于图书分类体系成果的体现——图书分类法，一直是图书馆理论与实践的核心内容之一。

在中国古代图书馆（藏书楼）时期，从《七略》到《四库全书总目》，形成了具有中国特色的图书组织管理理论与实践。近代以来，尤其是随着国外图书分类法理论与实践的引入，在 20 世纪二三十年代达到编制图书分类法的一次高潮，这是中国图书馆界知识组织迈向体系化的一个重要阶段。

新中国成立后，图书馆界在理论与实践工作中必须尽快解决中国图书分类法如何发展的问题。这一问题，也受到中央的高度重视。

为更好地推动中国科学院各图书馆（室）统一分类法编制工作，陶孟和指示，院馆组织成立科学图书分类委员会，聘请学科委员 43 人。1951 年 6 月 9 日，科学图书分类委员会第一次会议召开。这次会议上，与会代表对编制图书分类法的指导思想和体系结构进行讨论，并作出立即组织人员进行调查研究，请各门学科专家提出本门学科分类体系及其细目的决议。

编制一部自然科学、应用技术领域的图书分类法，不是一蹴而就的事情。为此，在中国科学院图书管理处的领导下，院馆投入大量人力、物力。自 1954 年第三季度起，院馆正式建立分类法工作小组，由顾家杰担任组长，赵继生担任副组长。

在编制过程中，工作小组听取科学家意见，如数学类请教关肇直和田方增，力学类请教林鸣荪，物理学类请教施汝为等；参考国内外通用的分类法，例如《苏联图书分类法草案》，安巴祖勉编的《图书分类表》《杜威十进分类法》，以及国内刘国钧的《中国图书分类法》、杜定友的《世界图书分类法》和皮高品的《中国十进分类法》等。此外，工作小组还征求一部分院内外研究单位和大学图书馆（室）的意见等。

经过多年努力，《中国科学院图书馆图书分类法》（简称《科图法》）于 1958 年 11 月由科学出版社正式出版，次年 1 月由新华书店公开发行。《科图法》分为五大部类共 25 大类。出版后，《科图法》深受大众欢迎，又于 1959 年 2 月底再次印刷，共印 4,800 册，交由新华书店发行。

自《科图法》诞生后，其与 1953 年出版的《中国人民大学图书馆图书分类法》、1975 年出版的《中国图书馆图书分类法》（1999 年更名为《中

甘当人梯　敢为人先——构建高水平科技知识服务机构之路

国图书馆分类法》），并立成为我国通用的三大图书馆分类法。

为了让科研人员使用好《科图法》，院馆先后举办了若干次座谈会和训练班，宣讲《科图法》的目的要求、体系结构、号码制度和使用方法，并编写《中国科学院图书馆图书分类法讲义》《关于使用中国科学院图书馆图书分类法的几点体会》和《中国科学院图书馆图书分类法索引的编制与使用》等材料。在此基础上，院馆用《科图法》对原有的全部藏书进行改编，并于1965年底全部改编完毕。

与此同时，上海分馆、兰州分馆和一些成立较早的研究所图书馆（室）也利用《科图法》进行改编；新成立的分院图书馆和研究所图书馆则从一开始就采用《科图法》分类。至此，绝大部分中国科学院系统图书馆已统一使用《科图法》。

另外，国内还有一些公共图书馆、高等院校图书馆、院外专业研究机构图书馆及厂矿企业图书馆也启用《科图法》。为了方便用户，全国中文、西文、俄文三个统一编目组也都在印刷卡片上加印《科图法》的分类号码。

1966年，院馆决定对《科图法》开展修订工作。但受"文化大革命"影响，直至1970年10月，该项工作才得以进行。此后，院馆分别于1979年、1992年将《科图法》中所出现的不适用情况进行修订。*

1995年，文献中心**与山西省图书馆、中国人民大学图书馆合作开展《计算机文献标引对照系统》研究项目，于1998年完成了《科图法》自动化系统研制，并交付使用。

自《科图法》问世以来，国内外图书馆情报界纷纷予以高度评价。武汉大学信息管理学院教授周继良等在《图书分类学》一书中指出："《科图法》在我国图书馆界的影响很大，它的问世，使科学院系统的藏书分类做到了一体化，并且有些大专院校图书馆目前还在使用这部分类法，"周继

---

* 此处为按照独立出版时间计算，并非索引出版时间。
** 因历史变迁，机构名称更迭等原因，此处所提及的"文献中心"，即为中国科学院图书馆于1985年更名为中国科学院文献情报中心后的简称。

良表示,"《科图法》是我国图书分类法中思想性、科学性和实用性三者结合得比较好的一部大型的、综合性的图书分类法,它自产生之日起,便受到图书馆界的重视,至今还在我国图书馆界占有相当重要的位置。"

此外,在由日本国立国会图书馆宫坂逸郎、石山泽、金中利和、野村文保、丸山昭二郎5人编写的《图书资料的分类》一书中,将《科图法》的问世记录为世界图书馆事业的大事件之一并作专节介绍。

《科图法》是老一辈科学家和图书情报工作者给文献中心创造的一项学术成果,对图书分类理论与实践具有重要的影响与价值,也是知识组织体系的重要研究成果,其实践影响与学术价值值得图书馆学理论界进一步总结和挖掘。

作为《科图法》编制的主要参与者之一白国应曾表示:"据不完全统计,(《科图法》)国内使用单位达到一千多个。"*

《科图法》修订第二版获得1986年度原国家科委颁发的科技情报成果奖二等奖及中国科学院科学技术进步奖三等奖(图1-11)。

图1-11 《科图法》1986年10月获中国科学院科学技术进步奖三等奖。

* 白国应.1990.《科图法》的回顾与展望(上).图书馆杂志.(5): 14-16.

1.4 确立图情一体化体制的"广州会议"

周恩来总理非常重视科学技术的情报信息工作。记得 1956 年初制订十二年科技规划*工作开始不久,我们向他汇报规划进展情况时,提出为了赶上世界先进水平,必须及时掌握国外科学技术发展的情报资料,但是我们还没有一个科技情报机构。周总理说:"你们工作这么几年,连个情报部门都没有,你们的'仗'是怎么打的?"

这段话来自中国科学院学部委员(院士)、地质学家、情报学家武衡所撰写的《不尽的思念》**一书。武衡记录的是,1956 年初他与时任中国科学院副院长张稼夫向周恩来总理汇报工作的难忘场景。

"他的这段又是批评、又是鼓励的话,向我们提出了一项紧迫的任务,于是在'十二年科技规划'中,将建立科技情报工作作为一项紧急措施列为重点任务。"武衡写道。当得知我国对国际科学技术发展了解甚少,周恩来总理当即指示,要尽快建立科技情报机构。

于是,武衡积极参与筹划,从中国科学院各所抽调人员,于同年 10 月正式成立中国科学院科学情报研究所,中国科学院学部委员、时任中国科学院西北分院秘书长袁翰青任代所长。1958 年 12 月,中国科学院科学情报研究所更名为中国科学技术情报研究所。

此后,科技情报工作为国家的重大科技决策、重点科研项目和工程项目默默无闻地发挥着"耳目、尖兵和参谋"的作用。

1960 年 1 月,中国科学技术情报研究所归属国家科委领导,中国科学院的科技情报工作便由院馆承担。院馆工作人员纷纷感到自己的工作逐

---

* 即《1956—1967 年科学技术发展远景规划》,简称"十二年科技规划"。
** 武衡.1987.不尽的思念.北京:中央文献出版社:360.

渐发生变化。

例如，在文献收集方面，除图书、情报外，还收藏大量的科技报告、专利文献、政府出版物、技术标准、学术会议记录以及学会、协会出版物等；在服务方面开始向纵深发展，开始编制各种专题文献索引，撰写一些专题综述，开展参考咨询和定题服务等。

各个研究所的图书、资料、情报工作陆续开展起来，但是发展很不平衡，而且体制比较乱，组织领导不统一，工作交叉重复，多系列分散服务给科研工作造成诸多不便。所以，大家纷纷要求把图书、资料、情报工作合并在一起。

为了适应全院文献情报工作的上述变化，1977年12月，院馆筹备成立科学情报研究室，其目的是充分利用院馆丰富的图书、文献资源和人才资源，进一步强化情报研究与服务的功能。图1-12为院馆科学情报研究室成立后，首任情报室主任刘济舟与全体同志在院馆（旧址）门前合影。

图1-12　院馆科学情报研究室成立，主要为院领导提供战略情报。首任情报室主任刘济舟（前排左四）与全体同志在院馆（旧址）门前合影。

甘当人梯　敢为人先——构建高水平科技知识服务机构之路

1978年12月，中国科学院在广州召开第一次图书情报工作会议——业内称为"广州会议"（图1-13），这是中国科学院文献情报系统发展史上的重要里程碑之一。广州会议首次提出"图书情报工作是科学研究工作的一个组成部分，图书情报人员是科学研究人员的一个组成部分"，即确立"两个一部分"理念，

图1-13　1978年12月8—21日，具有重要历史意义的中国科学院图书情报工作会议在广州召开，图为部分参会者合影。

从而奠定了图书情报工作及图书情报人员在科学事业发展中的重要地位与作用。

会议还强调，图书情报工作必须根据中国科学院"侧重基础、侧重提高"的原则，紧密结合研究和发展自然科学的新理论、新技术、新材料、新工艺，围绕解决国民经济和国防建设中综合性的重大科学技术问题，收集、整理和提供有关战略情报和战术情报，努力使图书情报工作走在科学研究工作前面，充分发挥耳目、尖兵和参谋作用，为实现科学技术现代化，为中国科学院出成果、出人才作出贡献。会议还确定在中国科学院系统内实行图书情报一体化体制，使图书、资料和情报工作在组织上和业务上统一起来。

"两个一部分"的理念和"图书情报一体化"的体制，彰显了中国科学院文献情报工作卓尔不群的先进思想，也开辟了中国科学院文献情报系统独具特色的图书情报一体化模式。

这次会议不仅极大地提高了中国科学院图书情报工作者的使命意识与服务热情，促进全院图书情报工作飞速发展，同时还在国内图书情报界引起较大震动，并推动全国图书情报事业的发展。

上 编　发展历程

　　为进一步加强对中国科学院图书情报工作的组织领导，1980年，中国科学院成立出版图书情报委员会，由著名科学家、中国科学院副院长钱三强和叶笃正等相继兼任主任。该委员会成员包括中国科学院有关职能管理部门的负责人、热心出版图书情报事业的著名科学家及出版图书情报机构的代表等。

　　1985年11月，为更利于实行图书情报一体化，加快从传统图书馆向现代化文献情报中心的转变，中国科学院院长办公会议决定将"中国科学院图书馆"改名为"中国科学院文献情报中心"，同时保留"中国科学院图书馆"名称并继续使用（图1-14）。*

图1-14　1985年中国科学院发文《关于院图书馆改名为"中国科学院文献情报中心"的通知》。

* 1985年11月，经中国科学院院长办公会议审议通过并发文[（85）科发计字1287号]，"中国科学院图书馆"改名为"中国科学院文献情报中心"，同时保留"中国科学院图书馆"名称。

027

| **甘当人梯　敢为人先**——构建高水平科技知识服务机构之路

随后，位于上海、兰州、成都和武汉 4 个地区的分馆相继更名为地区文献情报中心；中国科学院各研究所图书馆（室）也陆续改名为文献情报室。

1950 年至 1985 年，经过不断建设，中国科学院文献情报网得到长足发展，全院设有 1 个院文献情报中心，4 个地区文献情报中心，130 多个研究所（台、厂、校）设有文献情报室，共 140 多个文献情报机构，23 个文献情报网，拥有 2,800 多名文献情报人员，藏书达 3,000 多万册，中国科学院文献情报系统初步形成，为我国科学技术进步和国民经济建设作出重要贡献。

第二部分

奋起：拥抱信息化变革新时代（1986—2000）

改革开放之后，世界各国之间的竞争已由原来单一的军事、经济竞争转向以科技为核心的综合国力竞争。为了在国际竞争中赢得先机，许多国家将发展高技术列为国家发展战略的重要组成部分。例如，1983年美国的"战略防御倡议"（即星球大战计划），1985年欧洲的"尤里卡计划"等，都对世界高技术发展产生了一定影响。

面对这种发展环境，党中央从国家发展的战略全局出发，高度重视前沿技术和新兴技术发展，持续加大科技投入。此阶段，奋起直追的中国科学工作者深知使命艰巨，只有抓紧干、拼命干，才能把握时代的使命。

作为科学技术发展的强大支柱，1985年，中国科学院图书馆改名为中国科学院文献情报中心（如无特殊说明，后文简称为"文献中心"），进一步加强信息情报服务。1987年和1989年，上海、兰州、成都和武汉4个地区的分馆分别更名为：中国科学院上海文献情报中心、中国科学院兰州文献情报中心、中国科学院成都文献情报中心和中国科学院武汉文献情报中心，加上各具学科专业特色的100多个研究所图书情报室，逐步形成了具有中国科学院特色的、图书情报一体化的三级体系结构。

1986年，全院第二次文献情报工作会议在南京召开。会议明确了

甘当人梯　敢为人先——构建高水平科技知识服务机构之路

"七五"期间全院文献情报系统"坚持改革，努力创新，切实改善文献工作，大力加强情报工作，积极开发信息资源，实行资源共享，努力发展横向联合，加快实现手段现代化，努力提高队伍素质，不断提高管理水平和服务质量，逐步将中国科学院文献情报机构建成一个多学科、多层次、多功能的综合性自然科学现代化文献情报系统，更有效地为科学研究和国民经济建设服务"的指导思想和基本任务，它也标志着中国科学院文献情报工作开始进入改革发展和现代化意识不断增强的新阶段。

得益于20世纪网络化、信息化的快速发展，图书情报工作发生了翻天覆地的变化，催生了图书情报工作全新的业务模式和工作流程——从书刊形式到磁盘、光盘、数据库、计算机网络。*

1991年召开的中国科学院第三次文献情报工作会议及两年后召开的第四次文献情报工作会议，自动化建设、网络建设和数据库建设相继成为中国科学院文献情报机构"八五"与"九五"计划发展重点，以加速全院文献情报工作网络化、信息资源数字化的发展。

此阶段，国家经济建设开始由计划经济模式向市场经济模式转变。1985年至1994年，科技体制改革全面启动。1995年起，科技体制改革进一步深化。这一年，《中共中央国务院关于加速科学技术进步的决定》提出实施科教兴国战略和"稳住一头，放开一片"的改革方针，"稳住一头"旨在稳定支持基础研究，"放开一片"强调面向经济建设主战场。

改革的举措对各行各业产生深远影响，有的带来立竿见影的成效，有的则产生巨大冲击。科技领域亦不例外。与中国科学院各研究所一样，中国科学院文献情报系统各机构为适应变化，开始摸索、实施体制机制等方面的改革。

1998年，国家科技教育领导小组会议通过中国科学院《关于"知识创新工程"试点的汇报提纲》，中国科学院文献情报工作迎来新的飞跃发展时期。

---

* 胡亚东，王乐. 1998. 图书情报工作与科教兴国. 图书情报工作，(1): 2-3, 47.

2.1 打开瞭望世界科技的窗口

20世纪是一个大变革时期。计算机的发明和发展改变了这个世界，激光技术与计算技术的结合相得益彰，人类活动的一切都将与数字化密不可分。

在此背景下，院馆在1977年与中国科学院自动化所合作，启动网络信息建设工作。这也为以后的信息化、网络化打下了坚实基础。

进入20世纪80年代，计算机技术应用兴起，文献中心快速响应，应用新技术建设、运行中关村地区网上书目文献信息共享系统（APTLIN）、国际联机检索、科技查新及中国科学引文数据库（Chinese Science Citation Database, CSCD）等业务。这些工作从无到有，正式打开了中国科学院科研工作者了解世界科技前沿与动态以及与世界同行交流的窗口。

2.1.1 在国内最早提供网络化文献服务

20世纪70年代，大规模集成电路计算机时代到来，加之网络技术发展，快速催生了国内外图书馆情报机构的文献信息自动化管理系统的研制与应用。

中国科学院文献情报系统是国内图书馆界最早应用计算机的单位之一。1976年，院馆与中国科学院计算所、物理所合作，研制激光文献情报检索软件，进行应用软件开发，探索计算机文献检索试验，并开办训练班，为全院文献情报工作使用计算机检索摸索经验、培训人员。图2-1所示为文献中心最早试验和开展图书馆自动化系统建设并应用计算机。

甘当人梯　敢为人先——构建高水平科技知识服务机构之路

1978年，为推进中国科学院文献信息工作实现自动化管理与应用服务，文献中心牵头成立中国科学院京区图书情报自动化系统筹备组，联合科研机构全面开展全院图书情报自动化发展规划和计算机情报检索等应用研制工作。

图 2-1　文献中心最早试验和开展图书馆自动化系统建设并应用计算机。

文献中心信息技术部门（计算机应用研究室）在国内率先研建多文种连续出版物联机联合编目系统及其机读目录，在全国、全院范围内实现联机联合编目和文献自动化检索与查询。

1982年6月，中国科学院图书情报系统计算机应用协调会议在武汉召开。此次会议讨论并通过文献中心提出的《中国科学院西文期刊联合目录》编制方案，决定采用国际标准对期刊进行著录，并在计算机上建立期刊数据库。

1984年，《中国科学院西文期刊联合目录》全面开展编目、机读格式转换等工作。随后，文献中心在王府井及中关村馆舍挂牌，如图2-2和图2-3所示。1987年底，数据库一期工程完成。该数据库荣获1987年度中国科学院科技进步奖二等奖和1988年度国家科委优秀数据库奖。

图 2-2　1986年文献中心在王府井馆舍挂牌。 　　图 2-3　1986年文献中心在中关村馆舍挂牌。

1990年,《中国科学院西文期刊联合目录》完成数据库二期工程并与一期库合并,建成完整的《中国科学院系统西文连续出版物联合目录数据库》。同年,《中国科学院日文、俄文连续出版物联合目录数据库》正式启动建库工作,并于3年后建成投用。

随着中关村地区教育科研示范网的开通运行,数据资源建设成为关键问题之一。为此,在中国科学院出版图书情报委员会的支持下,文献中心组织力量将《中国科学院西文期刊联合目录数据库》与《京区西文科技期刊联合目录数据库》合并。

1986年后,文献中心以计算机应用为基础,开展文献情报服务自动化、网络化建设,建成一批检索系统,为之后开展文献检索、科技查新等工作打下基础。1986年,多用户联机情报检索软件LASIRS系统获中国科学院科学技术进步奖三等奖(图2-4)。

图2-4 1986年,多用户联机情报检索软件LASIRS系统获中国科学院科学技术进步奖三等奖。

20世纪90年代,信息技术及网络技术迅猛发展,极大冲击并促进传统文献服务的变革。为了适应外部环境变化,北京、上海、武汉、兰州、成都等5个地区文献中心建立图书馆自动化管理系统,实现局域网、城域

| **甘当人梯　敢为人先**——构建高水平科技知识服务机构之路

网、广域网上的文献信息共享，大大提高了全院文献情报系统业务自动化、服务网络化、资源数字化和人员专业化等的水平；初步建成了以 5 个地区文献中心为核心，研究所图书情报机构为节点的文献信息网络服务系统。图 2-5 所示为分布式图书馆自动化集成系统举行鉴定会。

图 2-5　分布式图书馆自动化集成系统举行鉴定会。

该系统在广域网上开展联机联合编目、书目文献信息查询、协调采购、馆际互借等业务，为科研一线与科技管理人员提供联机（联网）公共书目查询和期刊联合目录系统检索服务；利用网络开展国外学位论文和英国国家图书馆及国内重点高校、国家图书馆、专业图书馆、情报所的文献代查代借服务，以传真或电子邮件等方式向用户提供全文文献。

1993 年至 1997 年，文献中心牵头联合北京大学、清华大学图书馆，合作建设中关村地区网上书目文献信息共享系统（APTLIN），在中国教育与科研示范网上开通 3 家图书馆书目查询服务，并面向中国科学院 26 个研究所提供网上预约、借阅及联机联合编目。这也是文献中心对数字图书馆建设的前期探索。

作为我国首批在当时网络环境中投入运行服务的书目文献共享系统，APTLIN 也使文献中心成为国内较早提供基于因特网服务的文献情报机构。此后，中国科学院网上信息共享系统获得 1999 年度中国科学院科技进步奖二等奖。

20 世纪末，文献中心开创性地构建全院网上文献信息共享系统工程和中国科学院图书馆统一自动化系统共享服务网络，从而全面提升中国科学院图书馆自动化管理和网络服务水平。

至此，中国科学院文献情报工作在图书馆业务自动化、服务网络化和资源数字化等方面实现了新的突破，处于国内领先水平。

2.1.2 从手工检索向国际联机检索迈进

1970年后,国际上一些领先的图书馆开始利用计算机进行文献检索服务。这是图书馆文献检索方法的一次飞跃,也是情报交流手段的一次重大变革。

1983年,中国科技情报所建立了一台国际联机检索终端,成为我国较早开展该业务的机构。文献中心紧随其后,于1987年正式开展机检服务(图2-6)。

图2-6 文献中心工作人员开展联机检索工作。

时任文献中心研究馆员于继铮还记得当时的情景:这年3月18日,文献中心在位于北京东城区的一处馆址——孚王府(俗称九爷府)的一个小房间内开通国际联机终端。

"之所以建在九爷府,是因为建国际联机检索终端需要拉一条电话专线到电报大楼。而当时,无论是中关村还是美术馆地区,都已没有专线了,所以只好在九爷府储备书库辟一间斗室。"于继铮如是记录。

当时,工作设备异常简单:一台微机(IBM-XT)、一台打印机、一台300波特率的调制解调器就是全部"家当",并由3名工作人员负责此业务。

甘当人梯　敢为人先——构建高水平科技知识服务机构之路

环境局促、设备简陋，但这一切都无法阻挡工作人员的热情。"我院广大科研人员能够通过我们的国际联机迅速准确地获得世界性的科技情报最新信息。其意义之重大，被视为我中心及我院图书情报工作改革开放的一项重要成果。"于继铮写道，当人们听说中国科学院图书馆的情报检索工作告别手工检索并步入机检时代后颇感新奇，于是争相参观、使用，很是热闹。

在此基础上，1989年1月，文献中心与DATA-STAR系统接通，为院内外用户服务。这也是DATA-STAR系统在中国的第一个终端。

积累了一定经验后，文献中心在中国科学院范围内推广国际检索业务。到1997年，文献中心已在全国数个分院中心和研究所图书情报室建立分终端14个，全面开展国际联机检索服务。

随着联机检索业务的开展，中国科学院的读者检索服务从传统的手工操作方式进入计算机自动检索的新阶段。

20世纪90年代，随着国内科研与科技创新的迅速发展以及科技管理工作的日趋完善，科研项目的立项、科技成果的鉴定以及科研工作的发展都急需科技查新结论与资料作为给予评价的依据和参考信息。

随后，为提升科研一线服务能力以及提高研究院所查新检索保障率，文献中心深入开展院内外科技查新、引证检索以及科技信息提供服务，重点保障全院科研一线，如院士申报、国家杰出青年科学基金申请等国家级项目的查新与引证检索需求（图2-7）。

图2-7　文献中心工作人员进行科技查新工作。

文献中心于1991年开展科技查新服务，3年后被国家科委批准为"国家一级科技查新咨询单位"，成都、兰州和武汉文献中心也分别被批准为省一级查新咨询分中心或中国科学院地区科技查新咨询检索单位。这使得中国科学院文献情报系统工作再上新台阶。

1996年，国际图书馆协会联合会（International Federation of Library Associations and Institutions，IFLA）大会在京召开。文献中心被IFLA指定为代表参观单位。文献中心数据库数量多、系统功能完善等亮点让国际代表纷纷点赞。

为了进一步规范联合服务管理和高效运行机制，文献中心科技查新部门重点组织研究服务规范、业务操作规范，制定人才队伍建设、沟通反馈及评价激励机制，并形成《院所协同查新检索机构和人员管理办法》等系列业务管理及规范文件。

2.1.3 打造中国的科学引文数据库

科研成果的计量评价是科研管理的重要手段。因此，无论从文献检索角度，还是从科技评价角度来看，既需要引进科学引文索引这一先进的文献检索工具编制方法，更需要研建本土化的科学引文索引。*

1981年，文献中心第一届硕士研究生孟连生（1979年入学）在导师彭湘源先生的指导下，在极其艰难的条件下，完成了其硕士学位论文《中文科学引文分析》**。中国科学引文索引（China Science Citation Index，CSCI）的建立以及基于CSCI所作的引文分析，在很大程度上促进了文献计量学研究与应用在中国的发展，也为文献中心发展至今的中国科学引文数据库（Chinese Science Citation Database，CSCD）的建立奠定了理论基础。

1989年，文献中心组织研建CSCD，经历了从无到有、从小到大的发展历程。CSCD筹备之初，文献中心原研究馆员纪昭民多次向国家自然科学基金委员会（以下简称自然科学基金委）工作人员介绍这一新鲜事物。一次偶然的机会，纪昭民遇到时任自然科学基金委副主任、两院院士师昌

---

* 金碧辉，汪冰. 2000. 中国科学引文数据库的研建及其应用. 中国科技期刊研究，(1): 16-18.
** 孟连生. 2019. 创新乃学术研究之本——《中文科学引文分析》学位论文诞生记. 图书情报工作，63(19): 17-21.

甘当人梯　敢为人先——构建高水平科技知识服务机构之路

绪，并将建设 CSCD 的想法向师老和盘托出。师老了解后表示支持。经专家评审，CSCD 正式成为自然科学基金资助项目，时任文献中心主任（馆长）史鉴为该项目课题组组长。同时，中国科学院出版图书情报委员会也立项，为 CSCD 的建设提供长期及必要的资助。

"世界上第一个非英语国家的非英文科学引文数据库就这样诞生了。"文献中心原研究馆员金碧辉记录道。

文献中心原研究员夏文正在《学科情报工作回顾》一文中写道，CSCD 的筹建还得到原中国科学院计划局的支持。"帮助中国科学家到国际科学社会中去争得一席之地"的 CSCD，在研建过程中不仅凝聚了团队力量，更有图情精神的闪光之处。文献中心始终将 CSCD 的建设作为一项重点工程来抓。在 CSCD 需要重新整理数据而缺乏经费时，史鉴从当时拮据的经费中挤出 6 万元支持这项工作。

起步之初，CSCD 没有现成相关数据库系统可参照。受限于当时计算机软件开发环境，文献中心原研究馆员朱献有只能用 C 语言摸索着设计 CSCD 处理软件。这项任务非常艰巨，相当于在一张白纸上描绘出 CSCD 的"心脏"。最终，这颗"心脏"在改良升级前，良好运行了 10 年之久。

当 CSCD 出现前后不同阶段数据不一致时，文献中心决定要用最短时间整理完一批老数据。这项工作体量巨大、极其繁重，还不能耽误 8 小时内的工作任务。金碧辉回忆道，大家并没有被吓退，反而群策群力、积极响应。此后的 3 年里，大家几乎放弃了所有节假日的休息时间，夜以继日核对数据。就是这份坚定的事业心将 8 年的老数据仅用 3 年时间处理完毕。

见证这一过程的文献中心研究馆员刘筱敏深有感触："我们在做任何一个工作的时候，其实是离不开团队合作与每个人的贡献。"中国科学引文数据库和中国科学引文索引被誉为是"国际先进、国内领先"的成果（图 2-8）。

图 2-8　中国科学引文数据库和中国科学引文索引被誉为是
"国际先进、国内领先"的成果。

自 1994 年起，CSCD 开始向社会提供服务。CSCD 具有专业性强、数据准确规范、检索方式完整且多样便捷等特点。它在科研绩效评价方面的优势功能得到了科技管理工作者和广大科研人员的广泛认同[*]，被誉为"中国的 SCI（美国科学引文数据库）"，并于 1998 年获中国科学院科技进步奖二等奖。

CSCD 先后被国家一些重要科研管理部门和重大科研计划指定为专门的查询库，如成为中国科学院院士主席团指定的中国科学院院士推选人查询库，被自然科学基金委列为国家杰出青年科学基金申请项目查询库，是中国科学院指定的"百人计划"查询数据库等。

CSCD 除具备一般的检索功能外，还提供新型的索引关系——引文索引，可帮助用户从数百万条引文中迅速查到某篇科技文献被引用的详细情况，还可以从一篇早期的重要文献或著者姓名入手，检索到一批近期发表的相关文献，对交叉学科和新学科的发展研究具有十分重要的参考价值。

1995 年，文献中心出版我国第一本印刷本《中国科学引文索引》；1998 年，我国第一张中国科学引文数据库检索光盘出版；次年，基于 CSCD 和 SCI 数据制作的《中国科学计量指标：论文与引文统计》正式出版。

之后，文献中心还建设了"中国科学文献计量指标数据库（CSCD-

---

[*] 金碧辉，汪冰 . 2000. 中国科学引文数据库的研建及其应用 . 中国科技期刊研究，(1): 16-18.

| **甘当人梯　敢为人先**——构建高水平科技知识服务机构之路

ESI Annual Report）"和"中国科技期刊引证指标数据库（CSCD JCR Annual Report）"两个数据库系统。

1999年，文献中心运用科技文献计量学及其引证指标体系等理论与技术，基于CSCD和SCI，全新研建CSCD-ESI数据库。CSCD-ESI数据库以科技论文产出力和影响力指标及其排序展现科研成果、揭示科研水平和表征科技竞争力；从宏观统计到微观统计，渐次展开，展示了省市地区、高等院校、科研院所、医疗机构、科学研究者论文产出力和影响力，并以学科领域为引导，显示我国各学科领域的研究成果，揭示不同学科领域中，研究机构的分布状态。

"中国科学引文数据库（CSCD）有两个第一，"刘筱敏说，"是我国唯一与Scopus（全球知名的文摘和引文数据库）实现双向链接的文献数据库，也是我国唯一与SCI合作的文献数据库。"

迄今，CSCD已收录我国数学、物理、化学、天文学、地学、生物学、农林科学、医药卫生、工程技术、环境科学和管理科学等领域出版的中英文科技核心期刊和优秀期刊千余种，论文记录542.8万余条，引文记录7,602.3万余条。

2.2 领衔"理、工、农、医"信息资源建设

"最近，两位正在国外访问的青年学者，介绍我读了两则国际刊物的编辑部声明。"1992年9月3日，正在意大利访问的中国科学院数理学部委员（院士）郝柏林给时任《中国科学报》国内科技部主任李存富寄去一封信。

这封言简意赅的信件内容令李存富大为震惊："一则在《瑞士物理学报》1991年第64卷211页上，另一则在《数学物理杂志》（美国）1992年第33卷2938页上。"两者都揭露中国某大学的一位教师，分别将土耳其和意大利作者已经发表的文章几乎逐字抄袭。

"冒充自己的文章，混过审稿人和编辑发表出来。我查阅了所涉文章，情况属实。老老实实是科学工作者的第一要求，我们必须谴责一切剽窃行为。"* 郝柏林此言掷地有声。

经过数月调查取证后，造假者的不端行径被媒体曝光，并受到应有的惩戒。而在此事件得到社会广泛关注之际，人们又发现了另一个令人意外的现实：文献中心里怎么也查不到《瑞士物理学报》。

《瑞士物理学报》创办于1928年，是瑞士物理学会的正式出版物，被世界著名的《化学文摘》《数学评论》《科学文摘》等刊物所收录。

此时，经过40余年建设，文献中心已成为以自然科学与高技术文献为重点，西文期刊与西文会议录为特色的科技文献收藏中心，其科技期刊馆藏量在全国名列前茅。

这座全国首屈一指的科技图书馆为何查不到《瑞士物理学报》，这背

---

* 郝柏林. 1993. 学部委员郝柏林给本报的来信. 中国科学报. https://news.sciencenet.cn/dz/dznews_photo.aspx?t=gk&id=6275 [2022-07-14].

| 甘当人梯　敢为人先——构建高水平科技知识服务机构之路

后又折射出怎样的隐忧？

2.2.1　举步维艰的窘境

自建馆至 1992 年底，文献中心藏书累计达 570 多万册。而在 1960 年，这一数字为 450 万册。这 30 余年时光里，文献中心藏书仅增加了 120 万册。*

外文原版期刊是持续稳定、质优价高的信息资源，它历来是文献中心文献搜集、经费投入的重点。问题出在哪儿？是经费太紧缺了吗？（图 2-9）

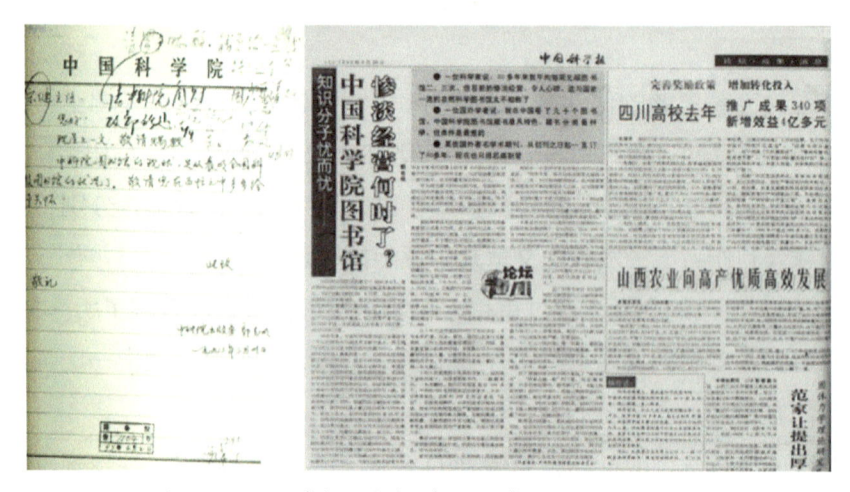

图 2-9　1993 年 3 月 26 日，《中国科学报》刊登《知识分子忧而忧——中国科学院图书馆惨淡经营何时了？》一文，呼吁社会各界关注文献中心当时面临的经费保障、硬件条件等发展瓶颈。

"不是经费越来越少，是文献涨价越来越厉害。"多年后，时任文献中心主任（馆长）徐引篪提及这一难题时如是感慨。

郝柏林曾算过一笔账：院馆（即文献中心）1980 年订有 5,377 种境外出版的期刊，购入 7,245 种原版书籍（包括科技图书、会议录和检索工具书，下同），支出人民币 145 万元。而 1994 年，订购境外期刊数目减

---

* 郭志明. 1993. 知识分子忧而忧——中国科学院图书馆惨淡经营何时了？. https://news.sciencenet.cn/dz/dznews_photo.aspx?t=gk&id=6395 [2022-07-14].

为 1,122 种，购书减到 1,381 种（其中科技图书不到 1/3），支出却上升到 789 万元。15 年间，购入书刊数目降为原来的 1/5，而经费支出却上升到了 5.4 倍，反差竟达 27 倍。*

"这就是说，要使书刊订购数目维持在 1980 年的水平，年度经费则需 4,000 万元。由于当年支出一般对应上一年的书刊费用，实际状况比这里估算的还要严重。"郝柏林对此深深忧虑。

徐引篪与文献中心原业务处员工魏业华曾就这一困境分析后认为，"在那段时期，外文期刊价格涨幅居高不下，人民币汇率不断下调，使得用人民币结算的原版期刊的单价直线上升，文献经费的增长幅度远远不及原版期刊价格的涨幅，订购品种连年大幅度下跌。"

为此，文献中心不得不采取"保刊减书""保重点减一般"的下策，许多珍贵期刊、图书只能暂时停订。其中就包括《瑞士物理学报》。实际上，文献中心于该刊 1928 年创刊之际便开始入藏，到 1989 年被迫停订。

陷入此困境的图书馆等信息机构并非文献中心一家。

在 20 世纪 90 年代，中央级 39 个信息机构的文献订购量一直徘徊在 3,000 种左右。这造成了 266 个学科和主题领域中一次文献基本满足率不足 1/3 的现象。**

"广大科研人员怨声载道，科研和教育事业受到难以估量的影响。"更让人担忧的是，重要的学科领域出现文献收藏的空白，严重制约了科技创新活动。

2.2.2 建设院内共享文献资源

为满足科研人员对国外和港澳台文献的需求，建立一套完整的中国科学院外文期刊的收藏体系是文献中心的核心任务之一。中国科学院一直十分重视文献建设工作，在 20 世纪 80 年代以前，中国科学院建立的是全院双重文献保障体系，即文献中心建立一套藏书体系，地区文献中心和各研

---

* 郝柏林 . 1996. 中科院院士郝柏林谈我国科技图书馆现状 . 图书馆，(1): 74.
** 吴波尔 . 2010. 创建 NSTL——中国科技文献发展史中重要的一章 . 数字图书馆论坛，(10): 4-6.

甘当人梯　敢为人先——构建高水平科技知识服务机构之路

究所图书馆也共同建设一套保障体系，文献中心按照中国科学院的指示，负责全院订购国外和港澳台刊物的归口协调工作。

长期以来，由于体制原因，全院文献情报系统的文献资源建设缺乏统一的规划，宏观控制非常有限，各文献情报机构的文献资源建设实际上是自然布局，向"大而全"或"小而全"发展。其结果是在总体上藏书覆盖率低，有些重复，有些缺藏，文献资源的保障水平不高，难以适应在科研体制改革推动下的科研工作对文献情报日益增长的需求。*加之前述汇率问题、文献价格上涨等因素，调整和改革文献资源管理办法，实现合理布局和资源共享势在必行。

1986年11月，中国科学院第二次文献情报工作会议在南京召开。会议决定，"七五"期间组织力量对全院文献资源布局进行调查研究。此后，全院文献资源合理布局研究课题组开展初步调研。两年后，中国科学院基于此前调研成果，正式设立院级课题组，要求摸清中国科学院文献资源的"家底"，包括数量、质量、结构、分布、保障程度等。1991年1月编写的《中国科学院文献资源指南》，详细描述当时中国科学院全院文献资源布局的研究结果（图2-10）。

1992年，中国科学院出版委成立中国科学院文献资源建设协调小组，办公室就设在文献中心。为了更好地完成这项工作，原文献中心采访部召开多次院系统文献资源建设的研讨和协调会议，大力推进院内文献资源的

图2-10　1991年1月编写的《中国科学院文献资源指南》，详细描述当时中国科学院全院文献资源布局的研究结果。

---

* 孟广均，许鸿英，谢淑莲，等. 1991. 中国科学院文献资源调查分析和合理布局研究（一）. 图书情报工作，(5): 36-47.

共建共享。同时，想方设法开辟多种渠道，与院外相关图书馆之间协调合作，以增加文献收藏和利用的品种与数量。

2.2.3 既是"国家队"的担当更是机遇

1995 年 5 月 6 日，中共中央、国务院作出《关于加速科学技术进步的决定》（以下简称《决定》），首次提出实施科教兴国战略。同年 5 月召开的全国科学技术大会号召在全国形成实施科教兴国战略热潮。《决定》要求，切实把经济建设转移到依靠科技进步和提高劳动者素质的轨道上来。自此，一个新的科技进步热潮在中华大地蔚然兴起。

这对科技创新发展而言，是难得的时代机遇，对科技文献情报工作而言同样不例外。因此，文献中心在积极推进院内文献资源共建共享的同时，领导班子也多方调研谋求新的突破。

此时，有人建议是否与其他国内大型图书馆合作，在院外探索文献资源共建共享模式。于是，文献中心组织专门力量多方调研。可得到的结果却是，文献中心如愿意成为某机构的下属单位或可考虑合作。这样的结果让徐引篪的内心久久难以平复。"那天回来我翻来覆去，我们怎么能把好几十年的图书馆变成人家的一个什么下属的馆，不行！"徐引篪回忆道。

群策群力下，一个"国家科学技术要发展，但缺少信息资源，中国科学院图书馆可以成为国家科技图书馆"的建议让大家看到了新的希望。经过紧锣密鼓的调研工作后，由文献中心起草的报告送到了科技部相关部门领导的案头。

这恰恰与科技部和财政部等部门的一项创新举措不谋而合。

1998 年，经过认真酝酿，"科技信息机构经费改革方案"推出。该方案重点支持基础较好、实力较强的中国科技信息研究所、中国科学院图书馆（文献中心）、中国农业科学院图书馆和中国医学科学院图书馆等 8 个单位，按照"集中采购、分别加工、联合上网、资源共享"的原则，进行"科技文献资源共建共享体系建设"的试点。*

---

* 吴波尔. 2010. 创建 NSTL——中国科技文献发展史中重要的一章. 数字图书馆论坛，(10): 4-6.

甘当人梯　敢为人先——构建高水平科技知识服务机构之路

时任国家科技图书文献中心（National Science and Technology Library，NSTL）副主任吴波尔多年后回忆起这段时光时，这样写道："1999年清华大学两院院士张维向党中央、国务院领导分别寄送了建立中国科学技术国际期刊中心的建议书，受到了国家领导人的高度重视。朱镕基总理批示请科技部有关部门研究，批示说：'这是件好事，我赞成。'"张维还建议，利用现有资源和渠道将其建成具有理、工、农、医四大门类的中心。

1999年12月，科技部联合原经贸委、财政部、原农业部、原卫生部、中国科学院，向国务院上报《关于科技文献资源共建共享工作的报告》，提出组建国家科技图书文献中心的设想。经国务院批准同意，国家科技图书文献中心于2000年6月12日正式成立（图2-11）。

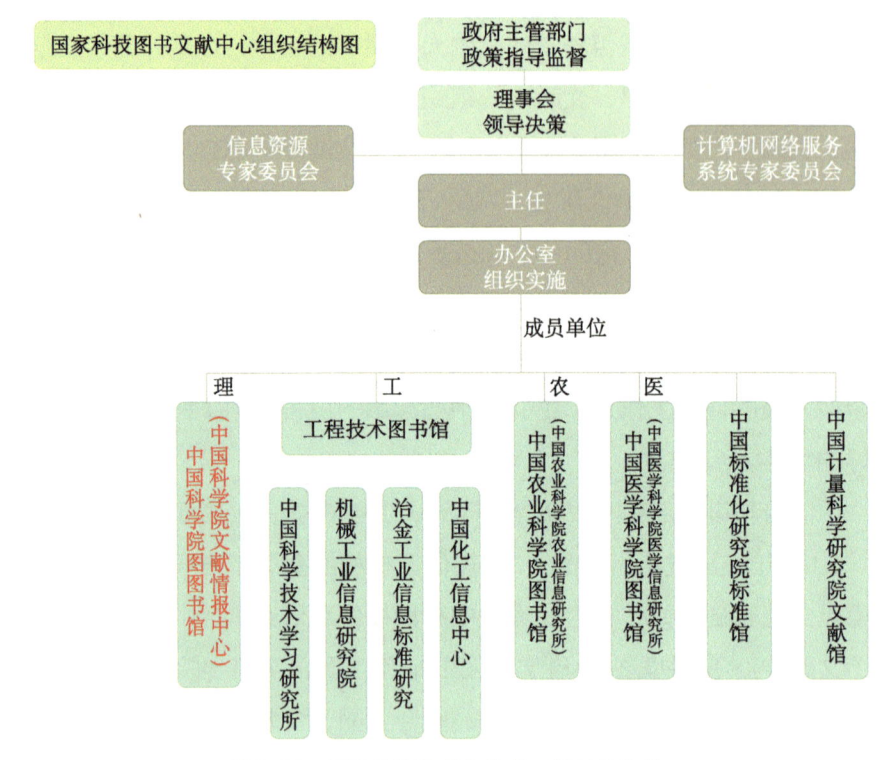

图2-11　国家科技图书文献中心组织结构图。

根据国家科技图书文献中心成员单位的学科分工，文献中心作为理、工、农、医四大领域中"理"科领域的代表，负责系统收集和加工自然科学基础学科文献资源，通过互联网面向全国提供文献信息服务。作为发起单位之一和主要成员单位之一，文献中心在国家科技图书文献中心建设与服务中发挥了引领作用，其自身服务能力也得到了不断加强。

2000年，通过参与国家科技图书文献中心理、工、农、医科技信息资源共建共享建设，文献中心分工承担外文自然科学基础理论学术期刊订购任务和服务职责，使外文期刊的订购数量得以大幅增长。当年，通过国家科技图书文献中心订购的外文原版期刊即达458种。通过参与国家科技图书文献中心的建设与服务，文献中心与国家创新体系其他文献信息保障机构之间，逐步建立了有机结合、优势互补、共建共享的可持续发展机制。

2.3 在情报研究与服务上干一番大事业

进入 20 世纪 80 年代后，文献中心的情报研究队伍逐渐发展壮大，在"摸着石头过河"的改革开放大潮中，结合文献信息资源发挥内在潜力，探索、开拓业务范畴，让情报研究"出成果、出人才"。

2.3.1 服务战略情报需求

1977 年，情报研究室成立后，充分利用院馆丰富的图书、文献和人才资源，进一步强化院馆情报研究与服务的功能。该研究室成立之初，调集全馆外语专业人员 20 余名，语种涉及俄、英、德、法、日、朝、意、西班牙、匈牙利、波兰、罗马尼亚、捷克、瑞典等众多语言。

文献中心原研究员夏源回忆道，最初情报研究室工作方式很简单，情报研究人员按照各自所学语种开展对相应国别的情报调研工作；情报调研范围涉及各国科技政策与管理、科技发展战略等。

他记录道："想当初情报研究人员明确了自己的奋斗目标，个个群情激昂、铆足劲头，决心要为完成情报研究与服务的新任务而干一番大事业。这就是情报研究人员的初心和使命。"

情报研究的服务对象为中国科学院院内外乃至国家科技决策与管理部门的领导者。此时，国门打开不久，人们对世界科学发展的一切如饥似渴，管理者们更渴求了解国外科技政策与管理及科技发展状况。

为此，情报研究室全力以赴，组织馆内外情报专家一起对各国科技政策与管理、科技组织机构以及科技发展战略等领域进行综合调研。他们先后编译并内部出版有关苏联、美国、英国、法国、德国、日本、意大利、匈牙利、波兰、罗马里亚、捷克、瑞典等国家的科技政策与管理、科技体制、科技发展概况等情报资料。

情报研究室为日常情报调研先后创办和编辑出版《科技政策与发展战略参阅资料》（内部）、《国外科技政策与管理》（正式）、《科研管理》（正式）等刊物；编译出版涉及上述诸多国家的《国外科技体制汇编》综合资料。那时，《中国科学报》设有专栏供刊登国外科技政策与发展战略的调研信息，成为情报研究成果的展示阵地之一。

这些情报研究成果对当时渴求关注世界科技发展的人们来说如获至宝。通过这些情报资料，国内相关科技管理部门、科技工作者对国外科技政策与管理、科技发展战略等在短期内有了较为系统的认识，为我国科技决策、领导和管理提供了有力支撑。

时任中国科学院秘书长郁文的公文包里，一直都有那么几份情报资料，在工作中、会议上，他随时会拿出来参考、宣讲。原中国科学院政策研究室、院计划局等局机关也成为院馆情报研究产出成果的受益者。

1986 年，文献中心改组情报研究室，成立综合情报部。研究人员继续深入开展科技政策与发展战略情报研究与服务，与国务院研究室、国家科委（科技部）、地方省科委以及院科技政策局、中国科学院科技政策与管理研究所等院内外的机构紧密合作，完成多份有参考价值的报告。这些工作，为之后文献中心实施知识创新工程深入开展决策战略情报研究打下坚实基础。1986 年，京区图书情报室负责人座谈会举行（图 2-12）。

综合情报部编辑出版的《科研管理》杂志，受到科技管理者与科研工作者的高度肯定；1986 年，该刊物获得中国科学院科技进步奖二等奖荣誉。

2.3.2 服务学科情报需求

1986 年，为增强情报队伍的力量，学科情报部成立。成立之初，这支队伍不足 10 人。"中心领导对此十分重视，决定从参考部和原情报（研究）室吸收一些具有学科背景的人员，先把架子搭起来，边工作边发展。"

甘当人梯 敢为人先——构建高水平科技知识服务机构之路

图 2-12 1986 年,京区图书情报室负责人座谈会举行。

"当年(原)院合同局*竺玄局长来我中心参加学科情报部业务座谈会时,他一一询问了每个人的所学专业和毕业院校后,称赞'你们学科情报部真是兵强马壮',当场就委托我们有关我院重大科研项目的情报调研任务。"曾任文献中心学科情报部主任的夏文正在一篇回忆文章中如是记录。

学科情报部的主要任务之一是为院领导提供科研决策情报。为此,这支队伍一方面通过访问有关领导部门和参加各种会议等途径,建立和加强与一些领导和专业局的联系,及时了解和掌握他们的需求;一方面通过《重大科研项目参阅资料》和提供最新国外资料信息(含重点外文文献复印件)为领导提供情报服务。

每年,中国科学院各研究院所向国家和院申请列入重大科研项目的课题数量很大,在科学决策相关课题时需要有据可依,尤其是科技情报的支

---

* 此处"院合同局"为原中国科学院科技合同局,1987 年,中国科学院对下属机构进行调整,撤销中国科学院科技合同局。

持。因此，原中国科学院计划局先后对学科情报部下达了 26 项学科情报调研课题的立项通知。这些课题涉及物理学、化学、地学、生物学、计算机及自动控制和能源科学等领域。

为了保证质量，情报人员撰写的调研报告都经过相关专家的严格把关。对于一些专业性强、难度大的课题，学科情报部便与专家一同调研、执笔撰写报告，这开拓了情报人员与科技人员合作的路径。

文献中心的团队一如既往地值得信赖。一次，时任中国科学院院长周光召受中央委托，为各部委领导讲述世界科技发展状况。学科情报部迅速响应，一鼓作气，用最快速度找到了所需的各类背景资料；时任中国科学院院长路甬祥在思考解决我国国民经济建设中相关重大技术问题时，这支团队及时地提供了国外相关文献资料。路甬祥为此来信道："十分有用，非常感谢！"

为中国科学院重大科研项目提供情报服务，是学科情报服务的一项重点工作。

作为中国科学院牵头的"七五"计划中的国家重大项目之一，生物工程研究综合性强，属前沿学科。为了更好地提供服务，学科情报部选准目标开展综合性多层次服务，撰写"植物的常规育种和生物工程育种"等报告；在定题跟踪服务方面，针对"七五"计划和 863 计划生物工程项目中的一些重大课题，为课题组提供大量有价值的文献信息。

中国科学院生物物理所姚山麟为此写信致谢："你们的服务，对我们'七五'攻关课题——植物抗性基因工程及基因枪研制工作帮助很大，尤其是提供的几篇关键性文献，启发了我们的研究思路，使我们基因枪的研制成功地步入世界先进行列。"

此外，学科情报部还为国民经济建设提供科技咨询情报服务。20 世纪八九十年代，文献中心参加北京海淀区中关村科技教育经济特区规划办公室信息组的工作，提供有关国外科学工业园区建设的情报服务。

学科情报部以中国科学院院内研究所为依托，面向市场、面向企业，为企业新产品的开发提供科技咨询和科技查新等服务，为此开展技术信息

|| 甘当人梯　敢为人先——构建高水平科技知识服务机构之路

发布、技术转让、成果中介、转化和推广等信息咨询服务；还与中国科学院开发局合作编辑出版《科技开发动态》科技成果信息刊物，独立创办《高技术报导》，并于每年年底在《人民日报》发表年度世界科技新成就专文。1982年，院馆首份情报刊物出炉（图2-13）。

这一时期，结合学科情报研究成果，文献中心创办重要情报刊物《化学进展》，编辑出版学科情报调研报告《新材料》《催化化工》《生命科学中的化学问题》及《有机化学》等4个专辑，颇受好评。

图2-13　1982年，院馆首份情报刊物出炉。

1993年，《化学进展》获批公开发行，并于2001年作为核心期刊被SCIE收录；1986年，《遗传工程参考资料》改名为《生物工程进展》（后改为中国生物工程学会会刊《中国生物工程杂志》），曾获中国科学院科技进步奖三等奖；创办4年的《高技术报导》得到许多科学家的大力支持，在1994年8月以《高技术报导》为基础，改名为《高科技与产业化》杂志并公开发行。

2.3.3　服务科技成果转化情报需求

为集中力量开展科技情报研究与服务，文献中心将学科情报部与综合情报部合并为情报研究部。该部门的职责仍为开展学科、综合两大领域的情报研究与服务工作。

20世纪90年代末，在"面向国民经济主战场"并加速科技成果向产业转化的形势下，文献中心基于原学科情报部面向市场和企业用户开展的情报咨询服务，如新品开发的科技咨询、科技查新等，从情报研究部抽调部分人员组建科技信息咨询部；同时，将文献中心参考咨询部颇具特色的科技查新联机检索业务纳入科技信息咨询部。

为了更好地开展工作，文献中心专门为科技信息咨询部配置《科技开发动态》等刊物的编辑出版业务，科技信息咨询部如虎添翼，积极投身于国民经济主战场建设，面向市场、面向社会，通过举办科技成果信息发布会、承接大型产业市场信息调研、开展科技查新等咨询服务与研究工作，取得了非常可观的社会效益和经济效益。

强调图书馆的情报服务效益标准，还可以使图书馆的工作内容得以深化，工作范围得以拓展；又可以合理调整内部机构，改善运行机制，加强管理工作，提高服务质量。这样，图书馆工作就会形成一个新局面*——

"由于主观努力程度不同，就可以创造出不同的情报服务效益来。突出情报服务效益评价标准，就可以促使图书馆工作人员改变陈旧观念，解放思想，树立效益观念、市场观念、商品观念和竞争观念等，从而改变原有的行为。"时任文献中心党委书记（主持工作）贾宝琦曾这样写道，"过去，只利用库存文献现成的'死信息'，现在要把文献进行开发和加工，使其成为'活信息'；过去，只给读者提供现成的书刊文献服务，现在，既要为用户提供"死的"文献服务，又要提供'活的'信息服务；过去，是被动地为读者提供'静态'服务，现在要主动地为用户提供'动态'服务；过去，只囿于为来馆的读者提供服务，现在，要走向社会为广大用户提供服务……"

---

* 贾宝琦.1993.图书馆改革必须强化其情报职能.图书情报工作，(1): 5.

2.4 图书馆也招研究生

1958年，中国科学院创立中国科学情报大学（图2-14），设图书馆学系、科学出版系、科技情报系，是中国最早开办的正规情报学教育机构*。

文献中心的研究生教育则始于1979年，是国内最早创办图书馆学情报学研究生教育的三家机构之一**。当时采取的是联合培养的方式。与中国科学院计算所联合招收和培养计算机专业的硕士研究生，攻读方向是计算机在图书情报领域的应用。公共课在中国科学技术大学研究生院开设，专业课在中国科学院计算所开设，学生毕业后由中国科学技术大学研究生院授予毕业证书和学位证书。与北京大学图书馆学系联合招收和培养图书馆学专业的硕士研究生，攻读方向为信息资源管理。公共课在中国科学技术大学研究生院开设，专业课在北京大学开设，学生毕业后由中国科学技术大学研究生院授予毕业证书，由北京大学授予学位证书。

图2-14 1958年中国科学情报大学挂牌（图中人物为孟广均）。

"中心的研究生教育与国内外的图情档研究生教育相伴相随，与中心的业务建设和能力建设同步发展。没有中心的发展，就没有研究生教育的发展。同样，研究生教育的发展也推动了中心的业务创新与能力提升。"

---

* 孟广均，初景利. 2022. 中国科学情报大学的创建与沿革. 图书情报工作, 66(8): 3-11.
** 王静珠. 2019. 科图研究生教育工作的起步之路. 图书情报工作, 63(19):12-13.

在文献中心研究生教育 40 周年之际，时任文献中心主任刘会洲如是描述着这份教书育人事业。*

通过科教融合，已形成理论研究、实践应用、专业教育相结合的图情档教育特色，累计为社会培养了近 900 位硕士、博士研究生，向社会输送了一批批优秀的图书情报专业人才，也为国内业界造就了一批批高素质的图书情报教师队伍，并取得了丰硕的科研成果，广受业界认可。

2.4.1　从联合到独立的硕士点

"在我国，我们作为一个图书情报事业单位，在不到 10 年的时间里，竟连续成为国家两个硕士学位授权点和一个半博士学位授权点，真可以说是一个奇迹！这不仅在中国，就是在全世界也是'独此一家'。"文献中心原研究员孟广均不无感慨地说。

早在中国科学院图书馆成立之初，时任中国科学院副院长陶孟和先生作为首任馆长，就十分重视图书馆干部的培养和训练，强调学术研究与岗位培训相结合，从而奠定了专业教育的基础。

经历"文化大革命"浩劫，百废待兴，人才培养提上日程。1977 年 11 月 3 日，教育部、中国科学院联合发出《关于 1977 年招收研究生的通知》，长期中断的招收培养研究生的工作从此恢复，我国高等教育事业迎来春天。

1978 年，中国科学技术大学研究生院（中国科学院研究生院前身）成立，这是全国最早创建的研究生院。

在时任馆长佟曾功的支持下，院馆相机而行，王静珠等老师多方奔走，努力克服在教学管理经验、课程体系设置、技术支撑环境等方面的困难，于 1979 年分别与北京大学图书馆学系（现为北京大学信息管理系）、中国科学院计算所建立资源互补的联合培养模式，探索启动研究生教育工作。当年，在这种模式下，院馆招收硕士研究生 4 名，1983 年又招 2 名。院馆首批硕士研究生导师有彭湘源（图 2-15）、佟曾功及孟广均等，中国

---

* 刘会洲. 2019. 砥砺耕耘 40 年人才培养结硕果——中国科学院文献情报中心研究生教育 40 周年记. 图书情报工作，63(19): 9-11.

甘当人梯　敢为人先——构建高水平科技知识服务机构之路

科学院计算所也派出专家担任导师。

图 2-15　文献中心首位硕士生导师彭湘源（前排左一）在辅导研究生。

为了办好研究生教育，孟广均向佟曾功、史鉴等领导建言。他以曾办过图书馆学硕士点的美国图书馆为例，如卡内基亚特兰大图书馆、洛杉矶公共图书馆和纽约公共图书馆等，都是办了几年之后难以为继。因此，他认为应引此以为戒，吸取教训。

正是这样的审慎态度与责任感，院馆研究生教育不仅办下去了，还办得不错。为保证教学质量，采取 3 位导师带 1 个学生的办学模式，在教学与实践中不断摸索经验。研究生教育学制为 3 年，第一年学生在中国科学院研究生院学习基础课；第二年到中国科学院计算所或北京大学选修部分课程并准备毕业论文撰写。在这样的学习氛围中，有的学生攻读自动化图书馆应用方向，有的学生攻读文献检索方向等。

1985 年，文献中心得知国务院学位委员会要增设学位授权点的消息后，立即去相关主管部门争取。最初，这样的想法并未得到支持，有人质疑"图书馆招什么研究生"。对此，文献中心不但没有放弃还据理陈言，强调 1979 年院馆既已开展研究生招生、教育工作，就有力量申请成为研究生学位授权点。这份坚持最终得到回应："那就试试吧。"于是，文献中心立即组织力量向国务院学位委员会提交申报。

当时，国务院学位委员会下尚未设有专门的图书馆学科评议组，被"附属"在文学组。文学组的成员中有时任复旦大学校长，还有一些著名大学的教授、著名作家、社科院的研究员、直辖市的宣传部部长等，武汉大学教授彭斐章是图书馆学科的唯一代表。

在文献中心工作人员的努力下，北京、上海的专家纷纷收到材料，详细了解了文献中心的申报理由与优势。文献中心的坚持与努力得到了多位专家的响应。1986年，国务院学位委员会正式批准文献中心为图书馆学、情报学两个专业的硕士学位授权点，和武汉大学、北京大学一样成为我国本学科拥有两个硕士点的单位。文献中心也是"我国第一个招收图书馆学情报学硕士研究生的图书馆"。*

从此，文献中心每年招生至今，较早几批从这里毕业的硕士研究生已走上相关工作岗位发挥才智；还有一部分顺利毕业后成为文献中心的一员，如孟连生和朱献有等。他们的事业在这里起步，渐入佳境后也加入传道授业的队伍，成为硕士研究生甚至是博士研究生导师。图2-16所示为文献中心为87届研究生入学举行欢迎仪式。

图2-16 文献中心为87届研究生入学举行欢迎仪式。

---

* 孟广均.2018.图情46年.图书馆论坛，38(4): 153-160, 封3.

2.4.2 "竞争激烈"的博士点申请

在争取到硕士学位授权点后，文献中心又开始向新的目标——招收和培养博士生并争取博士学位授予权进发。

最初，有一种意见认为，文献中心已有硕士点，对于研究生教育足够了，用不着再招收和培养博士生，更不需要费力气争取博士学位授予权。

此时，国内对高等人才教育越来越重视，国务院学位委员会也开始重视图书馆学、情报学学科，并专门设立相关学科评议组，孟广均被聘为该评议组成员。由于北京大学、武汉大学已先后获得图书馆学、情报学博士学位授予权，又考虑文献中心已有培养硕士生的经验和具有培养博士生的能力等因素，大家心中感到申请博士学位授予权"形势很好"。

天遂人愿。1993年，时任文献中心领导班子决定申请图书馆学博士学位授予权。此次，相关主管部门态度明确，立即表示支持。这也表明，文献中心培养研究生的工作得到了肯定。

文献中心王静珠老师立即加班加点准备各种申请材料。孟广均回忆起这段岁月时打趣道，负责这项工作的同事"自下而上广泛收集素材，一稿不成再搞二稿，很辛苦，真可谓'自找苦吃'"。

功夫不负有心人。1993年底，经学科评议组多数成员评议、表决，文献中心图书馆学博士点和博士生导师（即孟广均）在激烈竞争中脱颖而出，纷纷"榜上有名"。

如此，文献中心成为继武汉大学、北京大学之后的第三个图书馆学博士点，孟广均也成为继彭斐章、严怡民、周文骏之后的第四位博士生导师。

1994年起，文献中心图书馆学博士点开始招生，皆是才华出众的后起之秀（图2-17）。博士生导师的数量也在不断增加，教书育人的队伍持续扩大。

图 2-17 文献中心第一位博士生汪冰答辩会现场。

1996 年，文献中心与南京大学联合获得科技情报学专业博士学位授予权，成为国内第三个具有图书馆学情报学硕士、博士授予权的机构，是目前唯一拥有该资格的非图书情报教学单位。

2.5
进创新，进新馆

千禧年来临前的中国科学院，兴奋和紧张的气氛触手可及。

1998年6月9日，时任国务院总理朱镕基主持的国家科技教育领导小组会议批准中国科学院开展知识创新试点工作。自此，一场力度空前的改革在这座中国科学技术的殿堂徐徐铺开。

包括中国科学院研究所及科研支撑机构在内的100多家单位，都要在这场前所未有的变革中重新定义自我，再次思考该以怎样的面貌迎接新世纪的科技挑战，以怎样的姿态融入知识经济时代。

这一时代之问同样摆在文献中心面前。

2.5.1 跨世纪的改革

1997年9月，中国共产党第十五次全国代表大会召开，号召把建设有中国特色社会主义事业全面推向21世纪。

在过去的40多年里，一批批中国科学院的科技工作者对新中国的贡献，早已与"两弹一星"等科技成就一同成为中国宝贵的物质和精神财富。

科学家是最具有实事求是精神的群体之一。中国科学院党组冷静分析科学院面临的体制性障碍与全球性竞争态势，深刻认识到正在到来的知识经济时代，独立、自主的科技创新对于跨世纪中国的重要意义。

经过对历史深刻反思并反复科学研判，中国科学院起草了《迎接知识经济时代，建设国家创新体系》的报告。报告鲜明地提出：我国的发展战略应该从单纯的国家技术创新系统向国家创新体系转移，从工业化向工业化和知识化协调发展转移，建议立即开始建设国家创新体系。作为中国科技创新的"国家队"，中国科学院主动请缨，要求承担起国家知识创新工程的试点任务。

这份报告得到国家领导人的高度重视。1998年2月4日，正逢虎年立春时节，江泽民总书记做出重要批示："科学院提了一些设想，又有一支队伍，我认为可以支持他们搞些试点，先走一步。真正搞出我们自己的创新体系。"*

先行先试，中国科学院担起了国家知识创新工程试点的重担。这年10月，中国科学院知识创新工程首批12项试点工作全面启动。

2.5.2 乘"东风"的心愿

"知识创新工程启动阶段的试点工作即将结束，二期工程将随新世纪的脚步全面展开。文献情报体系在知识创新工程中处何地位？应以怎样的思路适应崭新的形势和外部环境？要怎样规划和运作，才能求得发展，满足需求？这是我们必须考虑的，也是本系统许多同志正在关注和考虑的一些问题。"在时任中国科学院党组副书记、出版图书情报委员会主任郭传杰撰写的《深化改革，开拓创新，构建我院新世纪现代化文献信息新体系》一文中，这样阐述中国科学院文献情报系统未来发展所面临的历史背景与自我拷问。

中国科学院文献情报工作同中国科学院相生相伴，为中国科学院、为国家的科技事业发展作出了不可替代的重要贡献。当中国科学院这场重大改革试点工作启动之际，文献中心领导班子便开始思考文献情报工作该怎么为知识创新工程服务。

知识创新工程试点工作的第一场硬仗就是重新调整学科布局，凝练和提升科技创新目标。200多位科学家、战略专家和管理专家经过上千人次的调研和讨论，以国家战略需求和世界科技发展趋势为导向，确定了农业高新技术、人口与健康、能源等九大重要发展领域和新的基础学科布局方向。

---

* 杨健. 2001. 专题介绍：中国科学院国家知识创新工程试点纪实. 中国高校技术市场，(3): 39-41.

甘当人梯　敢为人先——构建高水平科技知识服务机构之路

文献中心领导班子深刻认识到，相关科研院所已调整科技布局，科研方向也发生了明显变化，科研人员对文献信息服务的需求从内容到形式、手段也都与以往大不相同。文献中心必须适应这种变化，使文献情报工作对知识创新、科学研究和国家科学思想库建设真正起到支撑作用。

能否争取成为进入知识创新工程序列的首个中国科学院文献情报机构，成为文献中心上下所有人最关心的问题。大家为此展开了一次又一次的热烈讨论。答案是肯定的，进入知识创新是极大挑战，更是极好的机遇！

挑战不仅来自外部激烈竞争态势，也来自自身。文献中心清醒地认识到自身工作中尚存在各种问题与不足，也因此担负着艰巨的责任和艰难的任务；但正是这股改革的东风，让中国科学院知识创新试点对文献情报工作提出强烈需求，中国科学院将加大投入促进发展，这就是发展机遇。

什么时候进入知识创新序列？有人建议，文献情报机构作为中国科学院的支撑体系，可在2003年时再考虑此事。但对于此时的文献中心而言，一股时不我待的冲劲儿愈发强烈。

这还要从1999年秋天，作为中国科学院知识创新工程重要基础设施之一的中国科学院图书馆、档案馆等新馆奠基说起（图2-18）。这座即将建成的新馆，建筑面积为40,900平方米，计划在2002年建设成为现代化智能图书馆并投入使用。这里，将成为文献中心新世纪发展的新舞台；这里，也即将完成文献中心人怀揣了近20年的心愿。

20世纪50年代，文献中心（即院馆）在中关村地区建成馆舍，建筑面积为5,000平方米。此后到中国科学院启动知识创新工程之前都再未有扩建。

不断丰富的文献资源只能分散在北京及成都等八处不同的馆舍中，号称"八大处"。[*]而这"八大处"的面积总和也不过1.3万平方米，到20世纪90年代初期，文献中心每平方米拥有的藏书数量高达408.5册！在这样高密度的工作环境中，文献中心的工作人员要爬到5米高的书架上，或

---

[*] 由于历史原因，自20世纪50年代起，院馆藏书陆续分散保存于王府井大街、东四十三条、中关村、孚王府（九爷府）、西颐北馆、成都双流、东厂胡同、端王府八处书库，俗称"八大处"。

图 2-18　1999 年 9 月，中国科学院图书馆、档案馆工程举行奠基典礼仪式。（从左及右）时任中国科学院党组副书记郭传杰（左一）、中国科学院院长路甬祥（左三）、中国科学院副院长陈宜瑜（左四）等出席奠基仪式。

钻到地下室的书架下，为读者提取书刊，一捆捆取出，一本本翻找。馆内仅有阅览座位 100 多个。平均 200 名持阅览证的读者中，只有一位可享受座位。*

新馆建设历经漫长曲折的筹建之路。1977 年，院馆成立基建办公室，新馆建设之路正式开启。至 1980 年底，经当时的中国科学院京区基建指挥部统一征地，并由北京市规划局颁发建筑用地许可证，新馆落址在中国科学院物理所南（现中关村南三街 10 号）一块约 2.4 公顷（后经调整约 1.8 公顷）的建设用地。

1982 年 5 月，中国科学院正式批复新馆扩建计划任务书；至 1986 年，中国科学院批准新馆扩建设计及投资概算。4 年中，时任副馆长何德华、阎立中带领基建队伍一方面搞方案、提工艺、跑设计，一方面抓建址"七通一平"。经过艰苦努力，使新馆的建设看起来"万事俱备，只欠东风"。

但这股东风始终没有吹到图书馆。"八大处"的扩建计划遭遇搁浅。

---

* 郭志明. 1993. 知识分子忧而忧——中国科学院图书馆惨淡经营何时了？. https://news.sciencenet.cn/dz/dznews_photo.aspx?t=gk&id=6395 [2022-07-14].

| 甘当人梯　敢为人先——构建高水平科技知识服务机构之路

加之 20 世纪 80 年代末通货膨胀致使建筑材料成本翻番，这都让文献中心领导意识到，等或靠是无法推动新馆建设的。

史鉴带领着领导班子开始对多渠道集资建设新馆进行艰辛的探索。戴利华用"挖空心思""绞尽脑汁"来形容探索之路。他们多方联系以争取获得关注科教领域的基金会支持，与多家外界机构一次次磋商联合建楼的办法等等。但受限于当时种种原因，屡屡尝试都并未如愿。

彼时，改革开放进一步深化，国内房地产行业快速发展。文献中心领导班子在了解王府井商业区开发计划后，征得中国科学院领导和有关主管部门的同意，提出了开发王府井大街 27 号院馆舍、引资建新馆的方案。

1992 年，文献中心着手对王府井大街院馆舍进行开发。这项工程从立项到签订正式合同，历经 5 年，由史鉴、徐引篪两任馆长挂帅，先后有郑启才、戴利华、魏业华、史学智、郑建程等同志参与具体工作。由于受国家宏观调控经济大环境的影响及自身缺乏房地产开发经验，其间有过几次大的起落。直至 1996 年后，文献中心终于找到了合适的伙伴，双方经历多轮磨合后，既保证了新馆投资的需要，也改善了职工住宅条件。

戴利华在《中国科学院文献中心 50 年》一书中，著文详述其过程之艰辛，并记下了这样一句话："最终结果是理想的，是中国科学院房地产开发比较成功的范例之一。"

"我们能不能乘科学院知识创新的东风，乘我们新馆建设的东风，早一点进创新？"当郭传杰向文献中心领导班子征求意见时，在场的人们以"乘两个东风"表达了尽早进入创新工程序列的强烈渴望。

"双进"——"进创新，进新馆"成了文献中心人跨世纪的心愿。

2.5.3 "双进"的筹谋

"在中国科学院进行的知识创新工程试点工作中要拼搏，再也没有'扶贫'一说，只有'优胜劣汰'，一定要拼搏。"在 2001 年举行的全国科技信息工作研讨会上，徐引篪这样谈及"双进"的深切体会。

知识创新工程主要面向中国科学院各研究所，对支撑机构而言难度很大，文献中心要在全院支撑系统中争取第一批进入院二期创新工程谈何容易？

没有金刚钻，不揽瓷器活。一方面，文献中心在业务能力提升等方面进行探索，并取得了良好成绩。比如，文献中心积极探索如何利用信息技术和网络创新服务模式提高效率，为科研人员提供更为快速、便捷、优质的服务。

1999年，针对中国科学院科学园区和基地的建立及其地理位置特点，中国科学院启动京区文献情报服务网络的结构布局与调整。2000年4月，文献中心北郊服务部在试运行6个月之后，正式挂牌服务。在信息技术与网络的支撑下，文献中心与院生物物理所合作，为北郊12个研究所、3,000多位科研人员带来便利，此举深受科研人员欢迎，被称为文献情报事业改革中"先行的一步"。

另一方面，想要尽快进知识创新工程序列，文献中心需具备一系列相应条件："进创新，主要就是要改革，你要提出来怎么进创新。"徐引篪说，"管理上的改革、体制机制上的改革、人员上等一系列改革。"

像任何单位一样，计划经济体制下的种种弊端也毫无例外地在中国科学院系统中体现。1999年，中国科学院全面推行全员聘用合同制，实行事业单位人员合同管理，规定在各研究所进入知识创新工程试点序列的过程中，各机构按1998年在编人数的三分之一设置创新岗位，其中从外部引进人才岗位不得低于20%。这是一个具有相当震撼力的硬门槛。对希望能够早一天进入创新试点序列的各单位来说，如何处理好其他三分之二的人员并不容易。

但为了适应知识创新工程的要求，文献中心全方位深化改革，积极推进体制机制的创新，先后对业务机构和职能管理部门进行调整。

"我们的改革力度很大。"徐引篪说。1999年，按照"按需设岗、按岗聘任"的原则，全面开展专业技术岗位竞聘工作和职能管理岗位主管竞聘工作，通过高职低就、低职高聘、鼓励人员流动等措施，激发员工的积极性。这也意味着，相当一部分没有创新岗位的人员被分流出去。

甘当人梯　敢为人先——构建高水平科技知识服务机构之路

再例如，为了保持队伍的活力、为年轻人提供更大的舞台，文献中心计划在进入创新后，管理岗位人员平均年龄小于 40 岁，45 岁以下的管理人员要占全体管理人员的 60%。*这也让一批在文献中心工作多年的人离开了管理岗位。"很多人都响应了，我们的同志真是顾大局。"她感慨道，每每回想改革的那段岁月，总有许多人和事令人感动与难忘。

2000 年，在全面实施全员聘用合同制的基础上，文献中心再推用人新举措。经过严格的个人答辩、组织评审和岗位聘任程序，破格将一部分学历高、观念新、专业知识丰富及富有事业心的年轻人提拔到相应的高级专业技术和业务管理岗位上。

这年 9 月，中国科学院第五次文献情报工作会议召开。文献中心落实会议精神和"十五"期间中国科学院文献情报工作的宏观规划，特别是创新环境下科学院文献情报工作面临的重大任务。根据自身在中国科学院文献情报组织体系中的特殊地位和应发挥的作用，文献中心决心更坚定，要承担起组织全院文献信息资源体系与服务体系的建设任务，在全院文献情报系统的改革与创新建设中发挥牵头与示范作用。**

---

* 刘雅轩. 2001. 为知识创新工程提供强有力的支撑——中科院文献情报中心主任徐引篪教授一席谈. 中国信息导报，(7): 38-39.
** 王为. 2001. 高起点规划"双进"高质量服务科研——中科院文献情报中心积极争取在支撑系统率先进入创新试点行列. 科学新闻，(13): 7.

第三部分

升级：建设中国科学院国家科学数字图书馆（2001—2006）

进入 21 世纪，中国经济的蓬勃发展，政府对基础和应用研究经费投入的稳定增长，以及整个社会对科学发展重要性的认识，都表明在中国建立和持续发展科学研究机制的大好时机终于来临：*

——2005 年我国已拥有科技人力资源总量 3,500 万人，居世界第一位；全时科技研发人员 136 万人年，居世界第二位。"十五"期间，45 岁以下中青年科研人员占研究队伍总人数的近 80%；

——我国科技论文被国际三大检索系统收录的总数已居世界前列，特别是 SCI 收录的中国科学家论文数已与英、德、日三国相当；

——从 2000 年到 2005 年，中国发明专利的授权量由世界第十三位提高到第四位，国内发明专利授权量也从世界第八位上升到第四位。"十五"期间，获得专利授权 6,000 余项，其中发明专利 3,700 项，获得授权的专利数是"九五"期间总和的 5 倍。这种变化从一个侧面反映了我国自主创新能力的提升。**

千载难逢的机遇往往意味着天时、地利、人和。乘中国科学院知识

---

* 蒲慕明. 2004. 建立中国的科研机构——文化的反思. 世界科学, (2): 10-11.
** 廖文根. 2009. 中国科技发展进入重要跃升期. https://www.most.gov.cn/ztzl/qgkjgzhy/2007/2007mtbd/200701/t20070130_40299.html [2022-07-24].

甘当人梯　敢为人先——构建高水平科技知识服务机构之路

创新工程试点东风,文献中心凝练创新目标,大刀阔斧进行机制体制改革,重组业务、管理架构,组建年轻的团队;同时,建设中国科学院国家科学数字图书馆(CSDL)项目获准启动,并引进中国科学院"百人计划"入选者为该项目领军者;散落在"八大处"的中国科学院图书馆结束了旧、小、破的尴尬境地,一座现代化图书馆大厦圆了几代"图情人"的夙愿。

"力,形之所以奋也。"变革释放出的活力和创造力将文献中心的发展推上新台阶。文献中心以"资源到所、服务到人"为目标,以"数字资源优先、集成服务为主,到桌面到现场"为手段,全面建设全院的数字文献资源联合保障和联合服务体系,不仅大幅度提高了科技创新的信息保障能力,也为后续改革创新打下良好基础。

3.1 先行先试，激发活力

"感动、振奋、压力、信心。"郭传杰在出席文献中心2001年工作会议后，用这八个字高度概括了这场为时3天的会议感受。

2001年3月的第一天，围绕"双进"主题，郭传杰和时任中国科学院政策局局长曹效业，中国科学院综合计划局副局长、出版图书情报委员会副主任许平，中国科学院出版图书情报委员会办公室主任郭志明等领导应邀出席此次会议。

3天里，他们听取报告、参与讨论，议程安排得满满当当。但这并没有让人感到疲惫，反而有些欣喜与兴奋，文献中心全体上下充满激情，团结奋斗的精神感染了在场的每一个人。与会代表竞相走上主席台，有的分析文献情报工作发展态势，有的阐释所负责工作的创新思路，大家为达成共同的目标而互相鼓励。

经过两年奋战，中国科学院知识创新工程试点工作进展顺利。2001年初，中国科学院提出即将进入知识创新工程全面推进阶段。此时，相当多的科研机构和文献中心一样，排队等待进入创新工程。其间，中国科学院支撑系统的改革与创新受到院党组的高度重视，文献中心被纳入知识创新工程。

同年10月8日，中国科学院2001年第12次院长办公会议审议批准《中国科学院文献情报中心知识创新工程试点工作任务书和方案》，它标志着文献中心成为中国科学院文献情报系统第一个进入知识创新工程序列的单位（图3-1、图3-2）。

"这反映了中国科学院党组非常重视重要的支撑系统在整个科学院发展中不可替代的作用，这体现了一个整体上的战略把握；反映了文献情

| 甘当人梯　敢为人先——构建高水平科技知识服务机构之路

图 3-1 《中国科学院文献情报中心知识创新工程试点工作任务书和方案》。

报系统在科研工作中的重要地位。没有科技文献情报的先行，没有它强有力的支撑，要想进行高效科技创新是做不到的。"郭传杰说，"这反映了院图书馆（即文献中心）在院文献情报系统中的地位，在这个系统中院图书馆是第一个进入的，说明了期望院图书馆在这个系统中更好地发挥龙头和先行作用。"*

至此，文献中心"双进"工作启动阶段任务圆满完成，并进入实质性推进阶段。**

图 3-2　2001 年 10 月 8 日，向院长办公会汇报《中国科学院文献情报中心知识创新工程试点工作任务书和方案》后，文献中心领导班子在中国科学院机关门前合影。

---

* 刘培一，李威，孙淑玲.2002.服务立馆"数字"兴馆——中国科学院党组郭传杰副书记谈图书馆的未来发展.中外科技信息，(4): 6-9.
** 王为.2001.建设数字化国家科学图书馆，构筑支撑科研信息服务平台：中科院文献情报中心在支撑系统中率先进入院知识创新工程试点序列.科学新闻，(43): 1.

3.1.1 "进创新不是目标，创新才是目标"

文献情报系统的改革和创新与一般研究所不同，从内容到形式都有区别，结合自身特点、按自身发展规律实事求是地进行改革、创新至关重要。2001年10月26日，文献中心召开深入推进"双进"工作动员大会（图3-3）。

图3-3　2001年10月26日，文献中心召开深入推进"双进"工作动员大会。

因此，创新目标的凝练很重要。文献中心充分发挥全体人员的智慧，反复研究讨论后确定创新目标：到2005年前后，通过体制创新和业务创新，把文献中心建设成为国际先进、国内一流的中国国家科学图书馆和国际知名的高水平研究图书馆，培养和造就一批高素质的图书情报专业人才。

这一创新目标非常实在，文献中心将自身建设与国家科技创新需求融为一体。在此目标指引下，文献中心开展了一系列管理创新。

首先要转变观念。可以说，观念是行为的总开关、导向器。用户的需求是图书馆存在与发展的价值依据。进创新后，文献中心从"以图书馆的发展为中心"改为"以读者为中心"，在为读者服务的过程中发展自身，做到"读者需要什么我发展什么"。*

---

* 刘培一，李威，孙淑玲. 2002. 服务立馆 "数字"兴馆——中国科学院党组郭传杰副书记谈图书馆的未来发展. 中外科技信息，(4): 6-9.

甘当人梯　敢为人先——构建高水平科技知识服务机构之路

其次是深化服务内容和改革服务方式。20世纪90年代，计算机、网络等信息技术快速发展，加之读者个性化信息需求的日益增强，图书馆必须深化服务内容和改革服务方式。文献情报工作发展趋势之一是提供"以用户为中心"的主动服务和网络化数字化服务，即数字图书馆服务。为此，文献中心扩大已有图书馆服务内容与方式，在进一步做好传统到馆服务后，启动中国科学院国家科学数字图书馆建设。

重组图书馆业务流程，优化图书馆组织结构是文献中心改革的另一项重要工作。按照中国科学院知识创新工程的相关规定，未被聘用到创新岗位的人员应进行分流，重组业务部门，精简管理部门。其中，管理部门创新岗位比例仅为7%，落实到实际人数则只有11人。*

为此，文献中心把原有的11个业务部门整合为7个：将期刊、采编、数据库合并成资源发展部；将文献服务、信息检索合并成信息服务部；计算机室改组为信息技术部；情报研究部与信息咨询部合并成情报研究部；教育培训部与研究发展部合并成教育与研究发展部；编辑出版部改制为编辑出版中心；以及中国科学院档案馆。根据发展需要，文献中心又于2003年4月成立了科学文化传播中心，八大业务部门为此后文献中心的业务发展、创新探索奠定格局。

时任文献中心副主任周金龙表示，在对业务部门进行调整的同时，领导班子对管理机构也着手调整，将原先6个管理部门重组为3个管理部门：综合办公室、业务处、财务资产处。重组后的部门经过短期磨合后，已可正常开展工作，这为进入新馆后业务工作的提升奠定了良好基础。他曾这样记录道。**

在机构重组的过程中，文献中心分析了重组前三级管理体系的利弊，确定了"馆部两级、部门为基本单元"的管理体系，以提高部门业务自主权与创新活力；对管理部门的职能作用，强调其管理与协调作用，为

---

* 盛小平，束漫. 2005. 博导系列访谈：徐引篪研究馆员. 高校图书馆工作，(3): 9-11.
** 周金龙. 2002. 把握机遇 重塑理念 体制创新——简述中国科学院文献情报中心体制改革. 电子政务，(4): 16-17.

领导班子决策的科学化、民主化营造信息环境，并确保决策执行的高效和规范。

文献中心领导班子也充分认识到，要实现肩负的创新总目标，就必须制定与其相适应的一整套规章制度作保障，用制度来规范业务和行为。为此，文献中心制定了必要的制度，按当时的初步统计，约有 400 多个制度正在形成，这为文献中心科学化管理提供了"法律"保障。

任何一次创新，都离不开人才队伍的建设。进入知识经济时代，现代图书馆服务无论从理念、服务方式还是内容上都远远超越传统图书馆。尤其随着中国科学院国家科学数字图书馆建设的启动，凸显文献情报系统发展的关键其实是人的问题。

通过中国科学院"百人计划"，文献中心引进哥伦比亚大学图书馆学博士、四川大学教授张晓林，他也是中国科学院文献情报系统首位"百人计划"人才。张晓林加入后即为中国科学院国家科学数字图书馆负责人。2003 年，他成为博士生导师。同年，他被任命为文献中心常务副主任（主持工作），成为文献中心未来发展的领路人。*通过"文献情报系统优秀人才计划"，文献中心还引入了其他高级人才。

不拘一格降人才。通过对文献中心培养的博士研究生进行遴选，一批年轻、专业能力强且事业心强的人才留了下来，如初景利、冷伏海、李广建等新鲜血液补充了进来，纷纷在重要岗位上发挥作用。在文献中心，只要工作能力出色，中级专业技术岗位的青年人才也有机会被破格提拔，晋升研究馆员（正高级岗位）。

此外，随着"双进"工作的深入，文献中心对中国科学院创新文化的理解更加深刻。结合自身创新文化特点，文献中心凝练出"传播知识，服务科研"宗旨及"一切以读者为中心"理念，并将 20 世纪六七十年代提出的"甘当人梯、敢为人先"确定为图情精神。这既是对过往 50 余年中国科学院文情系统精神内核的高度概括，也为这支队伍在此后激烈竞争中

---

* 周金龙. 2002. 把握机遇重塑理念体制创新——简述中国科学院文献情报中心体制改革. 电子政务，(4): 16-17.

| 甘当人梯　敢为人先——构建高水平科技知识服务机构之路

奋力前行赋予无穷动力。

3.1.2　要有现代化的服务质量与水平

"'双进'对中心的每个人触动都很大。从那时起，人人爱岗这个理念真正体现。因为不好好干，你就没岗位了。"周金龙说，"尤其进新馆，物理空间发生了很大变化，大家感到院里非常重视文献中心，主人翁的意识也逐渐强烈。我认为，中心人员的思想觉悟不是一次简单的进步，而是一个层次的提高。"

2002年6月29日，文献中心（中国科学院图书馆）新馆正式开馆。这座建筑面积达4万多平方米的图书馆，无论是单体规模还是智能化水平，在当时都是数一数二的，是文献中心发展历程中的又一座里程碑。*庄严稳重的基座、端庄挺立的柱廊、南低北高的局部错落……文献中心用独具匠心的建筑语言铸造出了人们心中庄严、神圣的科学殿堂模样（图3-4）。

图3-4　文献中心（中国科学院图书馆）新馆。

---

*　佚名.2002.国家科学图书馆巡礼.中国基础科学，(4): 58-60.

上 编　发展历程

新馆的正式投用，也是国内科技界期盼已久的一桩盛事。为了迎接这一难忘时刻的完美呈现，文献中心全体上下将每一个细节做到极致。

比如馆藏文献的往复搬迁。在新馆建设时，原"八大处"的数百万册馆藏必须寻找妥善保管之处，工作量之巨难以想象。"搬迁不是简单的工作，是需要智慧的，第一不能丢，第二不能损毁，尤其是善本。"时任文献中心副主任（副馆长）戴利华回忆道。例如，古籍馆藏的镇馆之宝之一的《平定回疆得胜图——柯尔坪之战》铜板，是1997年研究馆员罗琳在王府井库房中寻得的"宝贝"。经考证，这是唯一一块在中国存世的薄型铜版，在清代内府版画及印刷史上有极高价值。[*] 于是，戴利华和相关部门的多位人员为此绞尽脑汁、不厌其烦：设计严谨的清架、记录、核对、封箱流程，寻找最佳的中转仓库，一次次勘察行车路线，多方寻求最佳转运的交通工具……

待新馆落成后，所有之前"暂住"他处的馆藏又被一一接到"新家"（图3-5），那珍贵的46万册古籍善本"最后没有任何损失，完整地把它们搬了过来"，戴利华说。

图3-5　新图书馆开架书库。

---

[*] 罗琳.2007.《平定回疆得胜图——柯尔坪之战》铜版考.书目季刊，41(1): 71-76.

甘当人梯　敢为人先——构建高水平科技知识服务机构之路

这样的事业心也体现在新馆服务中：提供查、阅、借、藏一体化服务，最大限度地延长开馆时间，全年365天开馆，冬季每天开放12.5小时、夏季13.5小时；克服当时的技术限制，图书馆借助计算机与网络技术实现跨时空开放，新馆大楼布有1,600多个信息点，各信息点100MB交换到桌面……*（图3-6）

图3-6　新图书馆研究生信息学习交流室。

为适应知识创新工程试点工作的需要，同时响应国家对期刊转型发展的要求，2002年，文献中心成立了编辑出版中心，集中管理主办的10种期刊，统一管理和运营，并根据业务类型下设4个编辑室、1个广告部和1个挂靠印刷企业。4个编辑室分别为：图书情报学、科技报道类、学科类和检索类期刊编辑室。通过统一管理科技期刊出版工作，期刊成为文献中心参与国内外学术交流的重要载体，并在我国期刊出版领域占有一席之地。

经过20余年发展，随着学科不断进步和出版趋势变革，通过期刊转型和创办新刊，目前文献中心主办期刊已增至12种，期刊语种也扩大到英文，期刊类型从传统纸版期刊扩大到网络期刊、开放获取期刊、数据期

* 佚名. 2002. 国家科学图书馆巡礼. 中国基础科学，(4): 58-60.

刊，被核心期刊数据库收录的期刊数量也从原来的 3 种扩大到如今的 10 种。其中，6 种被《北大核心期刊要目总览》收录，2 种被 ESCI 收录，1 种被 Ei 收录，1 种被 SCI 收录，涵盖学科也进一步扩大到管理学、政治学和计算机人工智能领域。

基于科技出版领域的集中办刊经验和相关的研究基础，多年来一直开展出版领域的人才培养和教育，设有"数字出版与传播"研究的博士培养方向，形成了以新闻出版行业领军人才为学科带头人的编辑出版研究导师团队，为出版领域输送了大量人才，是国内重要的出版研究人才培养基地。

有了面貌一新的团队，有了现代化的硬件设施，丰富服务内容、提升服务质量、赋予服务水平现代化内涵，正是未来岁月里文献中心即将迎接的新考验。

3.2

数字图书馆开辟新天地

2001年2月,《中国科学院文献情报"十五"计划纲要》印发(图3-7)。同年10月8日,中国科学院第12次院长办公会议审议批准了一份重要文件——《中国科学院文献情报系统"十五"建设方案》。这一方案的主要目标为建设中国科学院国家科学数字图书馆项目。

这项为期5年的基础设施重大建设项目,总投资为1.4亿元。它瞄准国际数字图书馆的发展前沿,按照中国科学院知识创新工程和国家创新体系要求,依托中国科技网,构建科学研究和国家创新体系的科技文献信息支撑系统。*

图3-7 2001年2月,《中国科学院文献情报"十五"计划纲要》印发。

3.2.1 科研人员的困境

2001年11月,中国科学院文献情报系统"百人计划"入选者张晓林正式被引进到文献中心,成为中国科学院国家科学数字图书馆管理中心的常务副主任。

到文献中心履新不久,张晓林陪同时任中国科学院出版图书情报委员会副主任解源到部分中国科学院研究所作调研。其中一站是成都某研究

---

* 张晓林. 2005. 国家科学数字图书馆及其建设进展. 中国科学院院刊, (4): 344-346, 343.

所。得知他们来意后，该所图书情报室的工作人员表示这里有享誉全球的科技界重要检索工具——工程索引（Engineering Index，EI）可供参观，言语中露出骄傲之情。

大家兴致高了起来，毕竟那时国内有此类工具的图书馆并不多见。在工作人员的带领下，张晓林一行来到研究所图书情报室。大家本以为直奔主题式的调研场景却如同进了迷宫——先拐了一道弯，再拐弯，又拐一道弯；等走到最里面的一个房间后，一把大锁挂在柜门上，再次解锁。终于，一册 EI 被抽了出来，"我们可以用 EI 来查资料"。如同解锁密室般的这番经历让访问者颇为感慨。

20 世纪 90 年代初，美国哥伦比亚大学已可向读者实时提供 EI 数据库检索；2000 年，当张晓林在美国匹兹堡大学做高级访问学者时，他发现那里的教师和学生已能够在办公室或图书馆进行计算机网络检索了。

这种对比所带来的冲击令人十分难忘。"中国一个国家级科研机构，一个应该是瞄准尖端科学、尖端工程的研究所，恐怕对 EI 知道的人还不多，能使用上的人就更少，能方便高效使用的人则少而又少，那么他们怎么进行科研？"张晓林说。

这是否仅限于"落后的"西南？当他们调研上海和其他"发达的"地区的研究所时发现，即使是这些地方，与国际已达到先进文献检索与服务能力的图书馆相比较，差距依然非常大。

"科研人员还得找目录卡片、查纸本文摘索引，还得专门到图书馆那儿去。那你想，这种科研能力或者说对科研能力的这种束缚，确实是非常严重的。"张晓林说。

对当时已启动知识创新工程试点工作的中国科学院而言，基本的文献检索工具都如此捉襟见肘，那科研人员怎么了解国际前沿？怎么开展前沿研究？而这样的现象不仅仅在中国科学院出现，北京大学、清华大学等知名高校也基本如此。

"所以，当时对我的冲击很大，感觉很难受、很痛苦。如果一个图书馆的服务和能力落后于国际同行整整一个甚至两个年代，那这个图书馆有

| 甘当人梯　敢为人先——构建高水平科技知识服务机构之路

什么用呢？"张晓林说。

3.2.2 "一定要坚持为科研人员服务的目标"

唯有只争朝夕，才能换来科技创新的日新月异。在使命感的驱使下，中国科学院国家科学数字图书馆的建设迅速启动。

2001年12月，中国科学院国家科学数字图书馆领导小组暨专家组第一次会议召开。在中国科学院出版图书情报委员会的领导下，中国科学院国家科学数字图书馆领导小组、专家组以及项目管理中心同时成立，项目管理中心设在文献中心。文献资源保障体系建设、学科信息门户建设、联合目录与全文传递服务、分布式参考咨询服务及开放系统描述机制和分布式门户机制规范成为中国科学院国家科学数字图书馆首批启动项目。

"要动员和协调各方面力量，团结一致，扎扎实实地推进国家科学数字图书馆建设，尽快发挥实效，真正为中国科学院知识创新提供有力支撑。"郭传杰在此次会议上如是强调。*

彼时，数字图书馆在国内尚属新鲜事物。我国数字图书馆的研究和建设始于20世纪90年代中期。1994年，我国第一次引进数字图书馆的概念。**到21世纪初，国内启动建设的数字图书馆除中国科学院国家科学数字图书馆外，只有寥寥几家。

因此，对于如何建设中国科学院国家科学数字图书馆，前期出现过各种意见。有人提议将1.4亿元的经费分拨给各文献中心，各自量体裁衣建数字图书馆；在组织文献中心代表全院采购数字资源时，也有人提出能不能就把数据库开通到各地图书馆，如果读者要用就要到图书馆里来，以此可体现出图书馆的重要性；此外，中国科学院国家科学数字图书馆作为一个工程，按道理讲，文献中心团队可以搞项目、作研究、建系统、写书写论文，对于个人而言也意味着名与利的双丰收。

---

* 佚名. 2002. 中国科学院国家科学数字图书馆领导小组暨专家组第一次会议纪要. 现代图书情报技术，(3): 50.
** 孙一钢，申晓娟，陈道泉，等. 2006. 我国主要国家级数字图书馆工程项目介绍. 数字图书馆论坛，(1): 47-62.

但是张晓林认为，此类提议是行不通的。中国科学院国家科学数字图书馆是中国科学院知识创新工程试点的重要组成部分和科技现代化的支撑体系，一定要坚持为科研人员服务，坚持开放、科学、规范地进行项目建设。

"因此，我和大家从开始建设时就注意到，首先要解决全院科研人员的痛点、难点，而这些痛点、难点是什么？"是如同藏在"深闺"中的EI，是上海、北京等地等待工作人员手工检索的图书馆……

"图书馆是服务机构，读者方便、读者满意才是我们的满意。"张晓林说，"这些是否解决了服务对象的获得感和满意度问题？恐怕远远不能。所以得弄清楚我们为了谁、该做什么、该怎样检验我们做得如何。"

因此，文献中心发挥牵头组织与协调推进作用，联合全院70多个单位的力量开展中国科学院国家科学数字图书馆一期工程建设，致力于建立一个分布、开放、可集成、可定制的覆盖多种数字资源和馆藏资源的全院资源联合保障体系，为读者提供一个可以"一体化"和"一站式"服务的集成科技信息服务体系，为中国科学院的知识创新构筑全院网络共享的科技信息保障环境。2004年5月，"Science China——中国科学文献服务系统"推介会举行，向全国广大用户推荐文献服务系统（图3-8）。

图3-8 2004年5月，"Science China——中国科学文献服务系统"推介会举行，向全国广大用户推荐文献服务系统。

3.2.3 有了数字图书馆的"味道"

张晓林带领团队抓住检索获取最新文献资源的痛点、难点，提出"资源到所、服务到人"的建设方针，且重点是数字化文献资源建设的采购与服务。

他们首先下大力气的是组织集团采购。仅仅靠中国科学院国家科学数

甘当人梯　敢为人先——构建高水平科技知识服务机构之路

字图书馆的经费肯定不够，也不能照搬国外案例，如德国马普学会等全院购买全院开通的做法。中国科学院国家科学数字图书馆的建设必须将研究所的资源整合起来。

当时，中国科学院国家科学数字图书馆项目管理中心接触的第一个资源是 Elsevier 公司的 Science Direct 数据库。当时，中国科学院物理所已单独购买该数据库，价格不菲。于是，中国科学院国家科学数字图书馆便组织有需求的研究所集团采购。所需费用由研究所出一部分，中国科学院国家科学数字图书馆代表中国科学院出一部分，再加上集体谈判和大规模市场博弈条件，使得研究所能够以可持续接受的价格获得数字资源使用能力。

针对不同情况，项目管理中心分类设计并精准组织数字资源的集团采购：全院多数人经常用的资源，由院层面（中国科学院国家科学数字图书馆）采购；部分研究所多数人经常用的资源，由院层面组织研究所出一部分经费、院层面出一部分经费进行集团采购；少数研究所少数人经常用的，就由院层面采购后通过单点开通提供服务；若个别人有个别需要的话，可通过文献传递提供服务。如此，整体上取得服务效率和支持效益最大化，同时也遵守了知识产权的要求。

那么服务到人呢？中国科学院国家科学数字图书馆不仅让中国科学院的用户不管何时都能在自己的工作环境中获得所需要资源，还要考虑到在野外及至合作单位做科研的用户。因此，他们开发授权用户的远程认证系统，使得这些用户只要有互联网连接，就能像在办公室、文献中心一样检索和获取。

"可以说，在中国科学院国家科学数字图书馆项目结束后，基本建立起服务全院、覆盖全院、分类精准施策的集团采购制度化机制，得到院里充分认可，后来就纳入文献中心的工作与经费的常规化结构中了。"张晓林表示。

通过中国科学院国家科学数字图书馆的建设，中国科学院文献资源逐步从以各图书馆各自采购印本资源为主，转变到以全院统筹规划、集团采购的网络版数字资源为主，建立了以数字资源为主的全院文献资源联合保障体系，初步实现了中国科学院从单馆印本服务向全院共建共享、网络化数字化服务的转变，高起点、高效益地全面提升了全院文献信息保障能力（图3-9）。

图3-9　2004年4月，时任中国科学院副院长李静海（左一）观摩数字图书馆服务系统。

自2003年文献中心牵头组织数字文献资源集团采购起，到2005年底，全院外文印本期刊由2001年的2,899种增至4,013种，外文电子刊从零到拥有5,429种，可提供原文传递的外文科技期刊则从零增加到19,950种；中文电子期刊也从零快速增至11,200种。

中国科学院国家科学数字图书馆着重打造全院统一组织和联合服务机制，同时，还建立以网络为基础的集成文献信息服务平台，让用户通过统一的平台利用各种分布的资源和服务。

在中国科学院国家科学数字图书馆项目管理中心的组织下，跨库检索系统、网络电子期刊集成目录系统、全国外文期刊联合目录系统、全院图书联合编目系统、院内外相互支持的多层馆际互借与文献提供系统、网络参考咨询服务系统、开放链接服务系统、Science China中文科技文献服

甘当人梯　敢为人先——构建高水平科技知识服务机构之路

务平台和学科信息门户系统等相继建成，投入运行。其中，联合目录服务覆盖全院所有单位，馆际互借系统覆盖全院所有科研单位。

全院各级文献情报机构或独自或相互联合，积极参与项目建设，文献中心独自承担并联合地区馆承担了更多建设任务。包括电子阅览室的建设、分布式参考咨询服务系统建设、联合目录数据库建设、馆际互借与文献传递系统建设，以及图书情报 Topic Maps 及其示范系统、OpenURL 系统、分布移动系统等项目的建设、测试和应用等。中国科学院研究生院图书馆挂牌，也标志着文献中心在研究生信息素养教育与信息服务方面迈出了重要一步（图 3-10）。

图 3-10　2004 年时任中国科学院副院长白春礼（左）、党组副书记郭传杰为中国科学院研究生院图书馆揭牌。

2003 年至 2005 年，在中国科学院国家科学数字图书馆支持下，文献中心牵头、各地区中心协同并联合部分研究所，精心策划组织面向全院各研究所科研人员的"服务百所行"推广活动。

"服务百所行"及时有效地向全院科研人员宣传和推介了中国科学院国家科学数字图书馆项目在各建设阶段可提供的资源与服务，以及项目自身建设进展，并对全院94个单位中的5 000余名用户进行培训。这样的活动不仅使中国科学院国家科学数字图书馆边建设边使用的成效得到及时发挥，也向全院科研人员展示了中国科学院国家科学数字图书馆推动中国科学院文献情报系统跨入现代图书馆行列所具备的服务能力和服务水平。

到2005年，中国科学院国家科学数字图书馆带动全院文献情报系统成功实现两个转变。首先是一线科研人员从印刷类型文献转为主要参考数字化文献的科研活动转变；其次是从全院文献情报系统分散保障、各自建设转变为整体化、集约化建设的共建共享文献服务机制。

主要体现在四个方面：一，大幅度提升研究所一线的科技文献获取能力，总体达到德国马普学会文献保障水平；二，形成全院文献资源共建、共享、共发展的整体机制，形成科技创新、跨越的重要基础设施；三，在国家科技文献平台层面创建中国科学院的核心竞争力和品牌；四，符合中国特色和中国科学院战略需求，强调公共信息平台的综合集成和创新，加强科技创新能力。

据2004年数据库使用统计表明，全院电子版全文文献下载次数为927万（以全院5万名科研人员计算，平均每人每年通过中国科学院国家科学数字图书馆使用160篇文献）。以美国化学学会（American Chemical Society, ACS）全文期刊数据库为例，年下载全文达到132万篇，平均每篇文章的使用成本为0.24元。

据统计，2001年全院科研人员平均可获取的外文期刊不足100种，经过中国科学院国家科学数字图书馆组织的全院数字图书馆建设，2005年全院科研人员平均可获取的外文期刊上升至2 863种，增加到28倍多，中文全文科技期刊和开放获取的期刊增加数量超过1万种，原文传递的外文科技期刊达到1.8万种。

时任国家科技图书文献中心主任袁海波在2004年底听取中国科学院国家科学数字图书馆工作汇报时指出："在国内建设数字图书馆的几家单位中，真正有数字图书馆'味道'的，要数中科院国家科学数字图书馆，

甘当人梯　敢为人先——构建高水平科技知识服务机构之路

他们无论是用户服务理念，还是技术应用，在国内都是领先的。"[*]

时任中国科学院院长、党组书记路甬祥针对中国科学院国家科学数字图书馆二期发展目标，特别指出：二期要提升服务水平，构建无缝网络，实现向数字网格和智能知识服务平台方向转变，使中国科学院情报工作与国际完全接轨，成为全国的典范并引领中国科技情报工作发展。

---

[*] 张晓林. 2005. 国家科学数字图书馆及其建设进展. 中国科学院院刊, (4): 344-346, 343.

3.3 锻造强大的情报研究之翼

没有科技情报强大之翼，就无法做到高效的科技创新。这是文献中心情报研究工作所面临的新挑战。

针对知识时代的特点，文献中心既要面向国家战略需求，也要面向知识创新工程的需求，满足科研人员的需求变化，紧跟文献情报工作发展前沿，在数字化、网络化图书馆时代继续保持国家级信息服务的领先水平。

文献中心的创新目标是："到 2005 年前后，将中国科学院文献情报中心建设成为数字化国家科学图书馆，构筑支撑中国科学院科学研究和国家创新体系建设的开放、联合的信息服务体系，并与国内外主要大型图书馆和信息机构互联，为中国科学院科研人员提供一个分布式全球存取的信息环境，为提高我国的创新能力和科技国际竞争力作出应有的贡献。"

"进入知识创新工程后，我与时任部门党支部书记胡智慧带领情报研究部全体人员认真学习领会中心新时期情报研究工作发展战略和目标，"文献中心原副馆长、情报研究部主任张薇回忆道，"我们充分认识到，情报研究部是文献中心图书情报一体两翼的重要组成部分。"

在该时期，情报研究部迅速明确了任务：为中国科学院党组、国家科技管理部门决策提供依据；为中国科学院科研管理和科研布局提供情报支撑；为科学研究机构开展的科研工作提供情报调研服务；为社会有关行业和部门提供科技信息咨询服务；为促进中国科学院科研成果产业化以及加强中国科学院与地方合作提供信息支撑服务。

3.3.1 寄予厚望却也困难重重

进入知识创新序列后，文献中心着手重建情报研究部，从部门主任到全体研究人员必须通过竞聘才能到创新岗位上。

当时,按照中国科学院知识创新工程要求,文献中心创新岗位数量仅为 1998 年年底在编人员的三分之一。部门全体人员竞聘,开启了文献中心历史上岗位竞聘方式的新篇。"竞争激烈、难度之大,前所未有。"张薇说道。

新组建的情报研究部设置的岗位全部都为创新岗位,这足以证明文献中心对新情报研究部所寄予的厚望,对新的情报研究工作高度重视和强有力的政策支持。

然而,由 12 个人组成的新情报研究部并非"兵强马壮"。上任新岗位的张薇,摆在面前的难题并不少:几乎没有研究课题,只有极个别人员带着之前自己的课题来到部门。没有课题自然也没有经费,着实令人头痛。另外,进创新之后实行"三元"结构工资,因课题经费与其中"一元"收入紧密挂钩,队伍成员收入如何满足?当时,整个部门只有两台台式计算机,想开展工作设备缺乏。再有,虽然这是一支充满朝气的新队伍,但是人员年轻、缺乏情报研究工作经验也是不争的事实。

3.3.2 迎难而上,快速成长

面对困难,情报研究部制定了工作计划并迅速行动起来。

张薇带领业务骨干主动跑中国科学院机关,并积极联络中国科学院研究所以及院外单位。事情自然不是一帆风顺的,在不太信任和迟疑的目光中,"我们不厌其烦地介绍着自己要做的事情,还许下承诺——在先不提供经费的情况下,我们把情报工作干起来"。

就是这份勇气与韧劲,在组建的第一年里,情报研究部争取到课题 14 项,服务对象除之前的中国科学院政策局、原计划局、办公厅外,新增加了原院基础科学局、人事教育局、国际合作局、东北地理与农业生态研究所和地球化学研究所等院内机构与研究单位;此外,还有科技部、自然科学基金委以及中国地质调查局等院外的服务用户。

良好的开端为后续发展奠定了基础,仅举几例从侧面反映一下这个时期的工作。

为基础科学局提供物理、化学、天文学和数学等基础科学学科情报研究服务，是文献中心几十年来的首次。当年，情报研究部在支撑基础科学方面开展了对宇宙暗物质、中微子（2002年底颁布的诺贝尔物理学奖就与中微子密切相关）、纳米科技、凝聚态物理、分子电子学、国际数学家大会等的热门研究以及对世界关注热点的及时跟踪；将中国科学院从事的基础科学研究置于全国、全世界的大环境下进行比较分析，用情报研究的方法揭示相关学科发展的前沿、热点和重点。

在2002年夏季党组扩大会上，时任中国科学院基础科学局局长金铎代表该局作报告后，时任中国科学院院长路甬祥对该报告表示非常满意。

文献中心的情报研究为原基础科学局制定的学科布局、相关政策及科研管理提供了依据，使他们产生了较强的认同感。金铎曾这样表示："情报研究部的学科发展情报调研就好像让他们看到了大象的全貌。"在当年没有安排课题经费的情况下，原基础科学局积极为文献中心情报研究部申请中国科学院院长基金。就此，情报研究部不但拿到了当年的5万元课题经费，还建立了为该机构提供情报支撑的长效机制。

2002年，情报研究部承担的中国科学院办公厅"重大互联网信息报送"工作被中共中央办公厅评为信息报送先进单位。这并没有让情报研究部沾沾自喜，他们深知这项工作的重要性。从2003年起，情报研究部更加重视此项工作，加强对"重大互联网信息报送"项目组工作的组织和指导，他们认识到这项工作不仅仅是信息报送工作，更是一项讲政治的工作。情报研究部及时调整人员，定期研究工作方法，总结交流工作经验，严肃工作纪律。

仅在11个月中，情报研究部就向上级报送信息2,600条，在国务院办公厅获得了528分（2002年全年为254分），得到中央、国务院领导批示41次（2002年全年是9次），比中国科学院办公厅要求的全年至少得到160分的3倍还多。为此，中国科学院办公厅在政务信息通报〔2003〕5号中指出："文献情报中心组织精干力量，认真对待，不断改进工作思路

甘当人梯　敢为人先——构建高水平科技知识服务机构之路

和方法，出色完成了任务……为我院的对上信息报道工作作出重要贡献。"

2004年，情报研究部创办《科技动态监测快报》（以下简称《快报》）。《快报》是情报研究部自主开展情报跟踪、研究工作的载体和展示窗口，更为上级领导和决策部门提供情报服务的支撑。《快报》得到了时任中国科学院副院长李静海的充分肯定，还有院士来信表示关注。《快报》逐步发展成为战略情报研究的系列监测快报产品而正式推出，为后来形成稳定持续的情报研究与服务的品牌奠定了重要基础。此外，情报研究部提出的《情报研究发展规划及工作布局方案》中，"科技政策与发展战略情报研究与服务、学科战略情报研究与服务、情报研究学科建设"等研究方向布局，确立了情报研究部未来一个时期的主导方向和将要形成特色的方向。

情报研究部紧紧围绕服务中国科学院知识创新工程需要，开展服务科技副职工作，积极参与中国科学院人事教育局"科技副职信息网站"（科盟网）的建设和维护工作，并受到时任中国科学院副院长杨柏龄等领导的充分肯定。

"全馆一盘棋。"为支持国家数字图书馆项目建设，2002年情报研究部通过竞争后获得"国家数字图书馆数理科学学科信息门户网站"（以下简称数理门户网站）建设项目；在新馆开馆典礼的历史性时刻，情报研究部的数理门户网站被文献中心指定进行上线运行演示，这是对情报研究部极大的信任与肯定。

3.3.3　能啃"硬骨头"的战斗集体

"情报研究部是一个学习型的团队，是一个能啃硬骨头的战斗集体。"张薇说。在文献中心设立"学科咨询部"之前，情报研究部就开展了对研究所的学科情报服务工作；在服务部没有布局对区域的服务之前，情报研究部就联合其他文献情报机构和研究所承担了北京市科委的项目。

经过数年的发展，情报研究部服务院党组的战略情报研究能力不断得到加强，服务亦日臻完善，产品体系初具规模。"重要国家和国际组织关注的科技与社会发展问题""国际科技竞争力分析"和"国家创新体系其他单元发展态势分析"等课题已形成连续滚动课题，情报研究人员持续加强的分析和研究能力支撑了逐年提交的报告。

其中"国家创新体系其他单元发展态势分析"课题持续对中国科学院与大学的创新能力开展对比研究，并关注我国正在进行的战略性新兴产业的培育与发展、区域创新体系的建设以及增强企业技术创新能力的最新举措等，对我国国家创新体系建设中的若干问题进行持续跟踪、分析和研究，支撑了中国科学院的相关决策。"国际科技竞争力分析"课题组完成的《中国与美日德法英五国科技的比较研究》受到了中国科学院领导的肯定，将报告公开出版并发送给国务院、中央各部委及相关领导专家。

情报研究部组建"3+3+N"团队（3位专职人员、3位特殊语种人员和N位其他情报研究人员配合），完成实时跟踪扫描工作。"3+3+N"团队的主要任务是：主动前瞻，全面跟踪重要国际组织和主要科技国家的重要科技信息，重点关注国际科技发展中出现的新思想、新理念、新趋势、新方法，每周提供一期《国际重要科技信息专报》（简称《专报》）；不定期提供重要信息的全文翻译报告，即《专报》的《特刊》；在对国际重要科技信息持续跟踪扫描的基础上，提炼重要国际组织和主要科技国家关注的科技与发展问题，形成《研究报告》（每半年），提供给中国科学院党组冬季和夏季会议。每周一期的《专报》不但得到了中国科学院领导的充分肯定，还被中国科学院领导推荐到科技部等单位，得到了时任科技部副部长尚勇的表扬。应上级领导的要求，《专报》一再增印和补印。

数年的努力和建设使情报研究部得到了全面的发展，截至2009年，人员数量从最初的12人增长到接近40人；每年课题和任务数量由最初的10多项发展到每年100项左右；课题经费从每年几十万元发展到几百万元；连续8年获得文献中心"优秀部门"荣誉称号。

取得这些进步和成绩靠的是什么？

"我们开展中国科学院办院方针和发展战略研究，时刻把握情报研究的战略方向；我们不断发掘情报研究信息源，确保情报研究的基础坚实；我们坚持情报研究方法论研究，以理论指导实践；我们研究开发情报研究

| **甘当人梯　敢为人先**——构建高水平科技知识服务机构之路

的技术条件平台,为情报研究走向信息化、自动化探索、铺路;我们研究用户需求,着力解决用户获得知识的便利方式;我们努力提供学习机会,持续为人才成长创造条件;我们不断建设和完善部门制度,为部门发展提供保障;我们创建和弘扬部门文化,为部门发展营造良好环境。"张薇说。

第四部分

聚焦：一切从用户出发（2006—2014）

2006年1月26日，《中共中央、国务院关于实施科技规划纲要增强自主创新能力的决定》发出号召：动员全党全社会力量，为建设创新型国家而奋斗。

在知识经济和全球化深入发展的时代，一个国家要么自主创新，要么"被创新"，别无他途。"增强自主创新能力、建设创新型国家"重大战略思想的提出，标志着由最大制造业国家驶往主要创新型国家，中国巨轮已起航。

彼时，中国科学院知识创新工程试点已进入优化完善阶段（2006—2010年）。中国科学院加强战略研究，不断深化对建设国家创新体系的认识，深化对科技创新规律的认识，着力提高自主创新能力，大力推进中国特色国家创新体系建设。

得益于知识创新工程试点改革，中国科学院文献情报机构实施国家科学数字图书馆建设项目。至2006年初，按照"边建设，边服务"的方针，所安排的77个子项目中已有66个投入使用，初步实现资源到所、服务到人，提高了科技文献服务效率与质量。*

---

* 戴昕. 2006. 创新历程：中国科学院知识创新工程试点回眸. https://www.cctv.com/science/special/C15426/20060317/102120.shtml [2022-07-10].

甘当人梯　敢为人先——构建高水平科技知识服务机构之路

创新的脚步从未放缓。数字时代悄然来临，传统图书馆的世界已是"山雨欲来风满楼"。同样，文献中心也面临着要么自主创新，要么被"后来者追上"的抉择。

主动求变从来都是"国家队"的本色。2006年3月，已有56年发展历程的中国科学院文献情报系统迎来最重要的一次体制改革：中国科学院党组果断将四个院级文献情报机构整合为中国科学院国家科学图书馆（筹）（以下简称国科图（筹））。

国科图（筹）的组建，加大了全院文献情报统筹建设力度，以"融入科研和科技决策一线，发展知识服务"为目标，以建设"嵌入决策一线的情报研究团队、嵌入科研一线的学科馆员机制、支持用户知识分析与组织的个性化信息系统"为手段，初步建立了融入科研、支撑创新的服务模式，创新和发展了信息服务的内涵与机制，同时也通过"交换馆员""创新到所计划"，学科信息专员培训等一系列举措，加大了带动全院提高支撑科研的信息服务能力的力度。

在建设国科图（筹）的历程中，国科图（筹）逐步形成由馆领导带队走访研究所用户、学科馆员"常下所、长下所"，情报人员与需求紧密耦合，资源建设和信息系统建设团队定期分析资源使用率、了解平台使用情况，创新到馆服务模式——建立研究生信息共享空间和学习共享空间吸引用户等方式，努力实现时任中国科学院院长路甬祥所提出的"三个满意"，即"让全院科研人员满意，让全院研究生满意，让全国科技工作者满意"。

2011年11月16日，一场具有里程碑意义的大会——中国科学院第六次文献情报工作会议在京召开。这次盛会，不仅有来自中国科学院内文献情报系统及各研究所的300余位代表参与，科技部条件财务司、中宣部出版局的相关领导和国家图书馆、国家科技图书文献中心等国内重要图书情报单位领导也应邀出席。

时任中国科学院副院长李静海充分肯定了知识创新工程实施以来中国科学院文献情报工作所取得的巨大成绩，全院文献情报系统成功实现了从纸本文献服务向数字文献网络化集成服务、从传统文献管理与服务向嵌入科技创新和科技决策一线的个性化知识化信息服务模式的基本转型，初步形成全院统筹、共建共享、协同服务机制，文献保障与服务能力得到大幅度提升，开辟了中国科学院文献情报系统甚至我国文献情报事业的一个重要新阶段。

面对开放获取、数字科研和开放创新对科研信息服务新需求，面对"四个率先"对文献情报服务模式和能力提出新要求，国科图（筹）以建立数字化、网络化、开放化、计算化的知识服务平台为抓手，一方面深度参与和支持科技智库的建设，一方面努力提供支持科研一线数字化知识发现与分析的服务，率先建成数字化计算化新型知识服务能力，为中国科学院"四个率先"提供有力支持。

4.1 搞好这次改革，意义重大

2006年3月18日上午，位于北京中关村北四环西路33号的文献中心迎来新的重要时刻。时任中国科学院院长路甬祥，文化部副部长周和平，自然科学基金委主任陈宜瑜，中国科学院副院长李静海，中国科协副主席、国家科技图书文献中心副理事长胡启恒，中国科学院副秘书长曹效业及科技部等有关部门领导悉数到场。他们与来自科研、教育及图书情报领域的300余位代表共同见证四地联动——中国科学院国家科学图书馆（筹）的揭牌仪式（图4-1）。

图4-1 2006年3月18日，中国科学院国家科学图书馆（筹）揭牌仪式在北京主会场举行（上），通过视频会议方式在兰州、成都、武汉（下，从左及右）分会场同时举行。

国科图的筹建，是中国科学院文献情报系统56年发展历史上一次重要的体制改革尝试，是中国科学院知识创新工程三期开局推出的重大改革发展举措之一。"搞好这次改革，意义重大。"时任全国人大常委会副委员长、中国科学院院长路甬祥表示。他充分肯定文献情报系统广大职工为我国科技文献情报事业发展作出的重要贡献，并希望大家要以高度的使命感和责任感，支持改革，积极实践。要牢固树立服务第一的思想，创新服务模式、深化服务内涵，"提高服务质量、提高服务效益，做到让科技人员满意、让研究生满意、让全社会满意"。

从源头上打破发展瓶颈、避免低水平重复和内部竞争，从体制上保证了统筹规划、共建共享、联合服务，国科图（筹）的组建有利于凝聚全院力量提升对科技自主创新的服务能力。

4.1.1 破解各自为政

中国科学院文献情报系统经过几十年发展，至2000年，已发展为一个由文献中心、4个地区文献中心和120余个研究所文献情报机构组成的有机体系，成为中国科学院科学研究和技术开发支撑系统的重要组成部分。

位于北京的文献中心承担对全院文献情报机构业务的指导任务，早在1956年就成立了研究辅导组，后发展为研究发展部，专门从事全院图书馆的业务辅导工作，在协调全院文献情报工作，组织学术、业务交流和干部培训等方面做了大量的业务指导与组织工作，为系统的整体化建设打下了良好基础。

到20世纪80年代初，为了发挥全院文献情报系统的整体优势，加强单位之间的横向联合与合作，全院先后建立了22个学科和地区文献情报协作网，它们在建立全国基础学科文献情报检索体系和推进全院文献数据库建设中起了重要作用。*

---

* 许儒敬，陶宗宝. 2000. 继往开来再铸辉煌——中国科学院文献情报系统发展概述与展望. 中国图书馆学报，(1): 80-84.

甘当人梯　敢为人先——构建高水平科技知识服务机构之路

但随着改革步伐的深化，科研人员对文献情报服务需求不断变化，一味固守传统模式便与现实发展产生矛盾。例如，中国科学院生命科学领域的某家研究所，在同一天接待了三拨来自不同地区文献情报机构的工作人员，大家都纷纷要为该研究所提供服务。"你们能否规划协调一下？"对于这样的热情，研究所虽然感动，但更多的是不知所措。

"十一五"快结束时，中国科学院文献情报系统的几个中心在北京召开"十二五"规划讨论会。几个中心都站在各自的立场上，同时提出要发展、要钱、要人——金额与数量甚至是在当时经费、编制上翻番。显然，在知识经济时代依然不考虑竞争环境的变化，各自为政、单打独斗、低水平同质发展、重复建设，肯定不行了。

这些问题已引起中国科学院主管部门领导的关注。张晓林回忆，时任中国科学院副秘书长曹效业、院政策局局长潘教峰以及文献中心党委书记沈颖等曾一起讨论，大家都认识到要从根本上解决低水平同质发展、重复建设的问题。

先看看当时已具备的条件。通过之前数年建设中国科学院国家科学数字图书馆项目，中国科学院文献情报系统已建立了一套全院集成化的文献资源采购、服务和管理体系，因此对研究所而言全院已经是一个整体。并且，通过建设中国科学院国家科学数字图书馆项目，文献中心也在全院树立了相当的信任度。

再者，中国科学院知识创新工程三期建设启动。为了适应即将到来的信息化、网络化迅猛发展，中国科学院文献情报系统势必须要突破体制障碍，与院 ARP 管理系统、E-Science 科研信息系统和网络技术平台有机衔接，有效集成全院建设资源，以形成国际一流、国内领先的科技文献情报服务环境，提高集成服务能力。

中国科学院党组站在全局高度，2005 年 12 月 30 日研究创新三期院文献情报系统改革发展问题，同意院规划战略局提出的方案，决定将院级文献情报机构整合为中国科学院国家科学图书馆。随即以李静海为组长的全院文献情报系统改革领导小组成立，同时还成立由张晓林任组长的国科图筹备工作组，具体负责筹建工作。

前期工作紧锣密鼓地开展了起来。2006年2月15日，由院规划战略局组织的中国科学院文献情报系统改革研讨会在北京召开（图4-2）。两天议程中，来自兰州、成都和武汉分院的领导、院主管职能局领导、部分科学家和专家学者以及文献中心、各地区馆的新老领导，对院文献情报系统改革及实施方案进行研讨。

图4-2　2006年2月15—16日，中国科学院文献情报系统改革研讨会召开。

2006年3月18日，中国科学院国家科学图书馆（筹）揭牌仪式在京举行。

国科图（筹）由原院文献中心、院资源环境科学信息中心、院成都文献中心和院武汉文献中心整合组建，形成总馆、二级法人分馆和非法人特色分馆结构模式，实行理事会领导下的馆长负责制。

首任馆长由李静海兼任，张晓林任常务副馆长（法定代表人），总馆原领导班子其他成员均任国科图（筹）副馆长；原兰州、成都和武汉3个地区中心的时任主任都进入国科图（筹）领导班子任副馆长，同时分别兼任各分馆馆长。理事会由有关院领导、主管局领导、科学家代表、文献情报专家组成,负责对国科图(筹)进行宏观管理。

4.1.2 整合需要智慧

国科图(筹)总馆设在北京,承担全院公共文献服务平台的建设与服务,协助规划战略局协调战略情报研究服务,组织文献情报系统参与院信息化和国家科技信息平台建设工作。总馆下设兰州、成都、武汉3个二级法人分馆。

以上3个分馆在国科图(筹)领导下开展工作,是有特色的文献情报信息服务中心,根据全院统筹布局,负责相应领域战略情报研究和面向一线的深层次服务,以及地区科技信息服务工作。

从这样的统筹分工布局也可看出此次整合颇具智慧,并进行了"有诚意的、精心的制度设计"。一方面,是文献中心要有全局意识、格局和勇气,要相信自己能当好"老大",而不是把什么都揽在自己手中;另一方面,就是要精准施策。

首先,要让地区中心地位得到提升,而不是被剥夺。因此,当地区中心升格为国科图(筹)地区分馆,地区中心主任首先担任国科图(筹)副馆长并负责全馆层面的某一业务领域。例如,当时的兰州中心主任任国科图(筹)副馆长兼任全馆情报协调组组长;武汉中心主任任国科图(筹)副馆长兼任学科化服务协调组组长。

同时,要给地区中心有意义、有潜力的发展空间。例如,当时按中国科学院八个重点领域将战略情报划分成八个相对独立的领域情报团队,将部分领域团队设立在地区中心,即使某些领域的主要研究机构可能并不在该地区。

例如,信息科技领域的大所主要集中在北京,但信息科技领域情报团队却设在了成都中心;纳米科技情报原本一直由文献中心负责,但为了武汉中心的发展,将材料科学情报团队设在了武汉。包括设到武汉的能源科技情报团队、设在成都的生物工业技术(现在的生物科技)情报团队都是如此。甚至对当时建制上已进入中国科学院上海生命科学研究院的上海生命科学信息中心，国科图（筹）也将全院系统的生命科学情报团队设在了那里（图4-3）。"这样，大家都有发展空间，都有在某个领域领军发展的能力，才能共同谋发展、协同发展，形成良性竞争和互相配合的态势。"张晓林说。

图4-3 国科图（筹）统筹情报研究与服务布局，图片依次为文献中心、兰州中心、成都中心、武汉中心情报研究团队。

特色分馆作为特色文献信息服务节点，通过特色资源和特色化服务，支撑科学院创新基地、服务全院、辐射全国。特色分馆接受总馆业务指导，总馆对其实行定期考核、末位调整。国科图（筹）的年度预算、创新岗位和人员编制实行统一管理。所需经费、人员由院根据其改革进展情况逐步核定。

国科图（筹）组织成立纵向贯穿全馆的文献资源建设、文献传递服务、学科化服务、信息系统建设和战略情报研究5个专门协调组，打破了总分馆馆际界限，使各项业务和管理工作的组织落实实现真正的协调统一。

甘当人梯　敢为人先——构建高水平科技知识服务机构之路

2006 年，国科图（筹）重新设计全馆岗位，统一组织总分馆全员岗位竞聘，实现创新岗位向科研一线服务的大幅度迁移。

在数字化网络化迅猛发展的新形势下，国科图（筹）总分馆在大力发展学科化知识化服务的同时，全方位拓展文献信息服务各领域，全面提升整体服务能力和效益，受到读者用户的热烈欢迎。

2014 年 3 月。正当张晓林提笔准备回顾国科图（筹）上一年度的发展成绩与体会时，一份从中国科学院人事局发来的《关于变更中国科学院文献情报机构名称的通知》抵达他的案头。通知主要内容为：鉴于对事业机构名称规范的要求，为加快全院文献情报系统的进一步创新发展，2014 年 3 月 19 日，中国科学院专门发文，进一步明确全院文献情报系统"统一管理、统筹规划、共建共享、联合服务"的总体部署：

文献中心为院直属事业法人单位，负责全院文献情报服务的组织、管理和协调，负责全院科技文献资源保障体系建设，负责全院公共文献信息服务的建设和管理；下设中国科学院兰州文献情报中心、成都文献情报中心和武汉文献情报中心 3 个二级事业法人单位，负责相应领域战略情报研究和科技信息服务，协同组织所在区域的科技信息服务工作；不再使用中国科学院国家科学图书馆（筹）总分馆名称。

此时，距中国科学院国家科学图书馆（筹）正式揭牌已整整 8 年，虽然不再使用中国科学院国家科学图书馆（筹）总分馆名称，但"经过这 8 年的持续探索实践，我们欣慰地看到，中国科学院文献情报系统已基本建立一体化的业务运行机制，形成了全院协同、有机嵌入科研与决策过程的新型知识服务体系。"在文献中心 2013 年度年报里，作为主任的张晓林如此写道。

4.2 整合力量，高举知识服务旗帜

按照中国科学院对文献情报中心新定位，中心党政班子凝练情报研究服务的战略目标，坚持以国家和中国科学院科技创新战略决策为核心，以科技创新领域战略规划为重点，设计战略情报研究服务的任务布局和团队布局，旨在发挥全中心整体化优势，围绕科学院"三个基地、四个一流、一个思想库"目标，有效支撑宏观决策、战略规划、战略研究与战略管理，成为中国科学院战略研究体系的制度化组织单元和院建设的国家科学思想库的有机组成部分。

"中国科学院文献情报系统的知识服务发展态势已经形成。"时任中国科学院副秘书长潘教峰在2012年底召开的中国科学院研究所文献情报机构知识服务能力建设经验交流研讨会上欣慰地说。

中国科学院加速文献情报服务模式转型发展，全面建设嵌入科技创新的知识化服务新模式，在战略情报服务、融入科研过程的学科馆员服务、嵌入科研环境的个性化集成信息服务、研究所知识管理服务等方面取得积极成效。

4.2.1 承上启下，推进面向知识服务

早在"十一五"期间，中国科学院文献情报系统就开始积极探索新的服务模式，中国科学院全面实现了从传统图书馆到数字图书馆的转型，同时在国科图（筹）建立嵌入科技决策过程的战略情报服务和深入研究所一线的学科馆员服务，在中国科学院启动研究所图书馆的知识服务试验，有效提升了对科技创新的支撑服务能力（图4-4）。

甘当人梯　敢为人先——构建高水平科技知识服务机构之路

图 4-4　情报研究服务成果丰硕。

"十二五"是中国科学院各研究所文献情报服务向知识服务转型的关键机遇时期，中国科学院再次对文献情报服务提出新的要求。2011 年 1 月发布了《中国科学院"十二五"文献情报系统发展规划》，同年 11 月召开了中国科学院第六次文献情报工作会议（图 4-5），提出"中国科学院文献情报系统转型发展、全面建设知识服务能力"的发展目标，要建立适应 21 世纪数字科研的新型文献情报服务模式，尤其是在"十二五"期间在研究所一线基本形成知识服务能力。

图 4-5　2011 年 11 月 16 日，中国科学院第六次文献情报工作会议在北京召开。（图片来自中国科技大学官网）

"我国科技创新已开始向自主创新转变，科技创新需求不断拓展，新型数字科技信息环境已经出现，科技信息开放获取和科学数据资源正重新塑造科技创新的信息环境。文献情报机构必须建设集成化知识发现服务能力，建设针对科技创新问题的情报分析服务能力，建设个性化的科技信息集成服务平台，建立起个性化、嵌入式、协同化的服务模式。这是文献情报服务在新环境中的新模式、新能力、新贡献，也是科技创新对文献情报服务的新要求。"时任中国科学院副院长李静海在会上强调。

会上，时任中国科学院副秘书长潘教峰也表示，面向未来需要，必须打破传统图书馆的服务模式，加快文献情报工作服务内涵和服务模式根本转变，这是中国科学院文献情报系统生存与发展的关键。要高举"知识服务"旗帜，把构建知识服务新模式作为今后中国科学院文献情报工作的发展方向和中心工作，在"十二五"期间初步建立面向研究所一线的知识服务能力。

作为中国科学院文献情报服务体系的组织协调中心，国科图（筹）也是知识服务的基础团队、支持基地和创新中心，在支持中国科学院和国家科技知识服务的资源基础、工具体系、骨干队伍与关键政策中发挥引领示范作用。李静海要求，国科图（筹）要打造知识服务的通用能力。"这正是国科图（筹）'一三五'规划要实现的重要目标。"张晓林表示。

国科图（筹）完善和扩大与科技战略决策需求刚性绑定的战略情报研究服务格局，建立了近20个专门情报服务团队，嵌入院专业局职能局和学部的重大科技决策与规划工作，提供了科研机构管理、创新集群理论与实践、中国学科发展战略、科学结构地图等综合研究报告，提供了涉及各个领域的国际科技态势发展分析报告，支撑了多项国家科技重大专项和在空间科学、应对气候变化碳收支认证及相关问题、低阶煤高效梯级利用关键技术、感知中国等先导专项的战略情报研究，在科技态势自动监测、战略信息集成服务、专利在线分析等方面提供了基础数据与工具支持。

科研创新的持续积累，让知识服务无论在方式方法还是理论创新上都有了传承与升级。例如在此时期文献中心科学计量的研究成果《中国科学院文献情报中心期刊分区表》（简称期刊分区表）（图 4-6）。

20 世纪末，SCI 和期刊影响因子被引入国内并被广泛使用，但在使用过程中众多科技人员、科研管理者不区分影响因子的学科差异，文献中心金碧辉研究员意识到相应的问题，创新性地提出了利用期刊分区来代替影响因子进行比较的思路。

图 4-6　中国科学院文献中心期刊分区表，其微信公众号是中国科研界人气最高的学术社区之一。

2004 年，期刊分区表开始发布。"在以往的研究基础上，我们不断对期刊分区表持续更新、改进。"文献中心计量与评价部主任杨立英研究员表示。2019 年，该团队率先提出利用论文层级分类体系对期刊进行评价，推出升级版。

随着学术不端事件频发，分区表团队于 2020 年推出国际期刊预警名单；2022 年，该团队又推出 Amend 学术论文预警系统，并引起广泛关注。目前，期刊分区表已成为我国科研界最重要的期刊评价品牌之一。

4.2.2 快速推进，发展研究所一线知识服务能力

在研究所一线基本实现所级图书馆的转型发展、初步形成知识服务能力，是中国科学院文献情报系统"十二五"期间发展的重中之重。

"你们做得比我想象的还要好！"这是中国科学院植物所系统与进化植物学国家重点实验室的首席科学家孔宏智对所图书馆提供的一份学科发展态势分析报告的评价，目前该实验室已经与研究所情报服务团队签订了持续的情报服务协议。

"通过情报分析服务，做好科研决策与规划的耳目与参谋"是发展研究所情报分析服务能力的目标。为此，国科图（筹）和研究所一起连续启动了两批次、有20多个研究所参加的"研究所情报分析可持续服务能力建设"项目，院所协同培育支撑研究所及其重大领域战略决策的所级学科情报服务能力，形成本地化的可靠的情报分析团队，形成研究所认可的情报分析产品体系。

许多研究所文献情报机构开始提供学科动态监测快报、研究所或实验室科技水平评价报告、专题情报调研报告、学科或技术趋势分析等，例如上海光机所的《先进激光技术动态监测快报》、沈阳生态所的《林业动态信息监测》、上海药物所的《抗肿瘤药物发展现状与趋势报告》、成都山地所的《国际山地研究计划和发展战略对比分析》、理论物理所的《所级科研产出与竞争力分析》、东北地理与农业生态所的《百年湿地分析》等。成都生物所等还让科技信息情报中心在研究所战略研讨会上作学科态势分析报告。大连化物所、昆明植物所、上海药物所、上海光机所、微电子所、沈阳生态所、南海海洋所、高能物理所等开展的情报服务得到所领导及科研用户的好评。

"把数字图书馆建在课题组"是中国科学院文献情报系统发展知识化服务的一个重要方向。为此而启动的"研究所群组知识平台可持续服务能力建设"项目，两批近40个研究所参加，院所协同，根据具体的实验室、课题组或重点项目的需求，与科研人员合作，建立能够个性收集和集成信息资源、组织知识内容、建立管理和保存能力，形成支撑课题研究的知识

甘当人梯　敢为人先——构建高水平科技知识服务机构之路

平台。截至 2012 年底，已为 100 多个课题组或实验室建立了个性化的知识平台。软件所、近代物理所、武汉病毒所、上海天文台等个性化知识平台的发展与应用效果突出。

例如，武汉病毒所为分子流行病与分子病毒学学科组等 19 个课题组建立了个性化知识平台；近代物理所搭建 ADS 先导项目知识环境，形成 5 个群组平台；紫金山天文台的暗物质空间天文实验室与所文献信息中心共同组建了知识平台团队，持续发展暗物质空间天文实验室学科组知识平台。

中国科学院文献情报系统还持续建设研究所机构知识库（Institutional Repository CAS, IR-CAS），全面保存研究所知识产出、开放传播研究所知识成果，从存缴量、开放量和下载量三个指标衡量，中国科学院机构知识库体系已成为国际科研机构中最大的公共资金资助科研成果开放共享平台。

为了更好地支持研究所知识服务发展，国科图（筹）加大先进知识服务能力培训，仅 2011 年至 2012 年间就组织 8 次中国科学院所级文献情报人员知识服务能力培训，包括学科态势分析、所级竞争力分析、技术趋势分析、个性化知识平台和所级信息保障体系分析等专门能力，共计 144 个所次 380 人次参加。一些研究所已开始注意知识服务队伍建设和可持续机制建设，例如心理所、工程热物理所、广州健康研究院等招聘了有专业背景的博士从事文献情报工作，多个研究所已建立起图书馆员与科研人员协同服务的知识服务团队。***

---

*　吹响知识服务发展的新号角. 科学时报，2011-12-06: B2.
**　张巧玲，吕秋培. 知识服务"繁花"盛开——中国科学院文献情报系统的知识服务案例. 中国科学报，2013-01-22.

4.3 融入一线，嵌入过程

2014年7月，美国非营利研究机构 Ithaka S+R 发表了康奈尔大学图书馆馆长 Anne R. Kenney 撰写的《发挥学科馆员服务模式效能》（*Leveraging the Liaison Model*）研究报告。该报告中对文献中心（国科图（筹））的服务模式转变给予了高度评价。"也许没有哪一所图书馆像中国科学院文献情报中心那样全面地'拥抱'了这种变革战略。"Kenney 这样写道。她指出，该中心将其未来的发展定位为：建设一个以中国科学院的科研人员和研究所为中心的充满活力的研究环境。文献中心"用户为本、需求驱动、嵌入科研、服务创新"的目标和知识服务布局以及学科馆员服务的发展，符合国际研究型机构图书馆发展的潮流，得到了国际同行的认同。*

4.3.1 不可取代的正在被取代

不可取代的机构正在被取代。这不是一句绕口令，更不是一个玩笑。这样的事情曾经发生在文献中心这样的机构身上。

长期以来，图书馆一直被作为信息获取不可替代的机构。而这一地位已经被打破或发生了动摇。2005年，一份来自联机计算机图书馆（Online Computer Library Center，OCLC）的"用户对图书馆和信息资源的认知"报告给出一个明确结论：图书馆用户已将搜索引擎作为信息获取的首选。**

---

* 佚名. 2014. 文献情报中心服务模式转变受到国际知名学者赞赏. http://www.las.cas.cn/xwzx/zyxw/201407/t20140710_4153493.html [2022-07-12].
** 初景利，张冬荣. 2008. 第二代学科馆员与学科化服务. 图书情报工作，52(2): 6-10, 68.

| 甘当人梯　敢为人先——构建高水平科技知识服务机构之路

这意味着，用户与搜索引擎的关系越密切，与图书馆则变得愈加疏远和陌生，图书馆将因此而失去越来越多赖以生存和发展的用户，以及在信息社会和网络化时代的竞争力。显然，这对于文献中心此类研究型图书馆而言，是不愿意看到的。

而文献中心的学科服务也遇到了问题。张晓林到文献中心工作后发现，用户一有问题大家似乎都认为应找馆长解决。这件让人头疼的事情根源在哪里？难道只有馆长可以解决，别人不行？梳理一番后，大家发现，用户的问题其实协调给其他同事就可以解决。但在原有图书馆业务流程和岗位设置中，每个人都只为自己负责业务的所在流程环节负责，超过"我"的岗位和流程，对用户的问题就负不了责了，用户再急迫、再痛苦与"我"都没有关系。

当时，文献服务部设置了 4 个兼职学科馆员岗位，资源发展部设置了 3 个兼职学科馆员岗位，但她们要在阅览室值班或参与资源订购工作，也没有其他权力和资源，因此也只能在自己有空时简单回答一些咨询问题。关键的是，文献中心的业务、流程、人员岗位和资源调配能力都已与服务中国科学院研究所的要求不相适应，都是"守台服务"，没有人对研究所及其用户负责。

4.3.2　"常下所、长下所"的第二代学科馆员

此前，学科馆员主要职能是学科资源建设、与用户联络、参考咨询、用户培训等，也被学界称之为"传统学科馆员"。这些服务模式改进了图书馆与高校院系和校领导的关系，促进了图书馆与学术界的交流，增强了图书馆面向用户的形象。

随着时代发展，传统学科馆员的角色定位、职责要求以及工作方式都无法适应新的环境的变化和用户需求，必须进行变革和创新。

如果把传统的以联络人为主要特征的学科馆员称为第一代学科馆员的话，那么以融入一线、嵌入过程为主要特征的学科馆员可被称为第二代学科馆员。* 文献中心就需要这样一支第二代学科馆员队伍。

---

*　初景利，张冬荣. 2008. 第二代学科馆员与学科化服务. 图书情报工作，52(2): 6-10, 68.

首先，要着手创建有刚性责任、有明确任务、有考核机制的学科馆员制度。具体到每位学科馆员，专门负责1—2个研究所，责任到所、服务到所、创新到所、考核到所；学科馆员在图书馆内部不属于任何其他部门，没有任何编目、借阅甚至坐咨询台的"馆内"任务，而且必须到所，为研究所用户所有问题的解决负责。

学科馆员制度最早是由清华大学在20世纪90年代后期引入国内，并逐步壮大了队伍。但在当时，真正做出亮点的学科馆员并不多见。

2006年6月，时任文献中心教育与研究发展部主任初景利被聘任到一个新岗位：学科咨询服务部主任。这是一个刚刚成立的部门。虽然之前并没有接触过学科咨询服务的具体工作，但是初景利知道这件事不容易做好。尽管最初有些畏难情绪，但在中心领导为他消除各种困惑后，初景利迅速投身到新的岗位上。

招人、学习、培训，让学科咨询服务的团队忙碌得不可开交。文献中心从其他部门抽出19个创新岗位（这意味着其他部门19个人得退出创新岗位），按照新的标准和任务聘岗只有6人获聘成为首批学科馆员。同时，文献中心启动首次社会招聘，一批又一批年轻人就是那时加入这一新部门的（图4-7）。最初，这些年轻人加入文献中心学科咨询服务部团队

图 4-7　学科化服务工作组成立并召开第一次会议。

时，大多数都认为自己未来的工作环境将与墨香四溢的书本为伴为友。但很快，大家就发现，自己的预判出现了不小的偏差。

在图书馆发展的历史上，之前都是用户到馆服务，从未听说图书馆员要到用户身边去。从 2006 年开始，就要反其道而行之，就是图书馆员要到用户身边去提供服务。

"这个过程应该说是非常地艰难，我们当时也不知道该怎么做。"初景利说。2006 年 6 月，他们邀请清华大学图书馆的 7 名学科馆员进行座谈。尽管大家介绍了自己的一些经验、做法。但是初景利他们很快就发现，文献中心面对的用户特点与高校非常不同。

中国科学院的研究院所在全国分布广泛，当时分别处于国内 30 个城市，数量有 120 个之多。如果地域上按照平均距离来算，这些研究所与文献中心的平均距离达到 1,000 公里。

学科馆员要跨越距离的障碍，到中国科学院分布在全国各地的科研院所里的科学家身边去。知易行难，为了夯实这种"融入""嵌入"的学科服务，每一位学科馆员都要做到"常下所、长下所"。所谓常下所，是说学科馆员每年要对自己所负责的研究所经常性地到所服务；长下所，就是要长时间留在科学家身边提供即时的服务。

4.3.3　融入一线、嵌入过程

文献中心全力支持学科馆员制度的建设。一方面，文献中心给所有学科馆员提供全部津贴，授权学科馆员可以随时"踢"开馆长办公室找馆长；另一方面，馆领导主动带着学科馆员下所打开局面。

当时，时任学科馆员吴鸣到东北某研究所开展工作。本希望向主管所长介绍并商量服务，但她却久等不见人影。时任国科图（筹）副馆长孙坦恰好在附近另一座城市出差，接到电话后他便尽快搭乘火车支援吴鸣。在孙坦的协调下，主管所长与吴鸣见面并研讨了业务。

另一个年轻的学科馆员马晓敏，第一次出差去某大所，首先被所里的"老资格"各种考验。文献中心的馆长也立即支援到一线。时任文献中心书记沈颖、副馆长钟永恒等都曾多次和学科馆员一同下所去。

2006年，国科图（筹）新组建学科咨询服务部后，全馆设立创新岗位42个，包括总馆20个，分馆22个，先后招聘4批专职学科馆员，其中面向社会公开招聘10人（总馆），至2007年底，共到位学科馆员34人，平均年龄37岁。具有本科学历13人，硕士14人，博士7人（其中博士后2人）；具有自然科学背景21人，语言背景2人，图情背景11人。

学科馆员在经过短暂的学科馆员工作技能强化培训后即走向服务一线，面向全院28个城市116个研究单元（其中京外研究所56个）8万名用户（科研人员4.7万人，研究生3.3万人）提供学科化服务，平均每人服务3.5个所，平均服务的用户数2,300多人（图4-8）。

图4-8 学科馆员"常下所、长下所"。

首批全职学科馆员于2006年7月10日正式走上工作岗位，从参考咨询开始做起，从与研究所的图书馆沟通开始做起，边学习，边调研，边

| 甘当人梯　敢为人先——构建高水平科技知识服务机构之路

服务。9月6日全院武汉会议（资源建设与服务工作会议）后，学科馆员开始正式走向用户之中。

2006年10月20日，物理所"学科化服务工作站"挂牌，在全院第一个启动学科化服务，标志着学科化服务开始真正得到研究所的接纳和认可。自11月10日开始，国科图（筹）领导与学科馆员组成5个学科化服务小分队，深入全院外地各研究所，召开学科化服务座谈会，进行资源与服务的宣传推广，拉开了全院大规模开展学科化服务工作的序幕。

截至2007年底，国科图（筹）已在全院所有研究所全面启动了学科化服务工作，其中在78个研究所已经建立了"学科化信息服务站"（挂牌）。*（图4-9）

图4-9 "学科化服务工作站"在中国科学院理论物理所挂牌。

随着学科馆员服务的发展，国科图（筹）还启动了院所协调推动所图书馆服务模式转换的工作。中国科学院研究所历史上都有图书馆、情报室等，但随着数字资源服务逐渐普及，研究所图书馆被"边缘化"，经费和

---

* 初景利，张冬荣. 2008. 第二代学科馆员与学科化服务. 图书情报工作，52(2): 6-10, 68.

人员被削减，房屋被占用。但这是一支规模很大的队伍，多数人还是中青年，必须把他们带起来，也可以壮大我们的力量，否则还可能起消极作用。这批在研究所里工作的馆员也很有发展的愿意。

因此，国科图（筹）专门设置院所协调发展项目，拨出一定额度的经费，每年"真金白银"地支持20余个研究所图书馆，主要内容是设计和试验针对该研究所的创新服务，由所图书馆人员为主、学科馆员和国科图（筹）其他部门协助。或许每个研究所也就申请到几万元经费，但这样一来，一个所的图书馆就有了院级项目。几年下来，一定程度上带动了这支队伍的发展，有的研究所图书馆后来还成为新型战略服务的核心力量。

学科馆员开展的学科服务收到了良好的服务效果，得到各方的积极评价。学科服务开展的第二年春天召开的全院工作会议，就有多个研究所领导向院领导和有关部门高度评价学科馆员的工作。2008年3月，时任中国科学院副院长白春礼评价道："印象深刻的是嵌入研究所的学科馆员服务，这个非常好。应该说这花了不少工夫，对人的素质要求很高，还要保证院的这么多基层单位随时答疑，还建立了考核到所的制度。这几项措施是非常得力的，也很不容易。""你们做的嵌入研究所的学科馆员服务，是一个很好的举措，是独一无二的。"2009年5月，时任中国科学院院长路甬祥在听取国科图（筹）组建3年来的进展后评价道："非常鼓舞，印象深刻，超出了预期，开始走向信息时代情报研究与知识服务中心的道路，开创了很好的先例，表示衷心感谢，应给予很高的评价。"

时任常务副馆长张晓林在不同场合曾如此表达：学科馆员服务启动至今，已经构筑嵌入一线、目标明确、服务灵活、反应快速的服务机制，有效地激发了用户需求，带动了所级信息服务能力发展，得到了全院用户的广泛肯定和积极支持。学科馆员是中国科学院国家科学图书馆的新品牌、新形象。学科馆员在一个比较短的时间内就打开了局面、树立了品牌、赢得了肯定，也吸引了研究所图书馆员，而且，锻炼了我们"学会做自己不会做的事情、盯住不断发展的目标持续创新"的能力。锻炼了我们逆风飞扬的心劲和能力。回头看看，真不容易，真是"雄关漫道真如铁，而今迈

甘当人梯　敢为人先——构建高水平科技知识服务机构之路

步从头越"！

　　科研人员的评价最为直接："图书馆的服务已经做到这种程度，非常感谢，对我们也是很大的促进哟。""回国以后发现，国内的图书馆与国外重要学术机构的图书馆服务水平相比并不差。""您的工作我认可，辛苦了，谢谢！"从"我们不需要讲解大家自己看就行了"，到"您好厉害，问题解决了，以后有问题多找你交流"。"我觉得你们就是一线科研人员的眼睛，一双时刻盯着最新技术发展的眼睛。""这些工作已成为本学科发展不可缺少的服务平台，是我所迈向国际前沿的助推剂。"学科馆员们所提供的学科服务获得的感受是：用了都说好。

4.4 让全国科技界满意

2006年，国科图筹建之时，时任中国科学院院长路甬祥提出"三个满意"的要求，即"让全院科研人员满意，让全院研究生满意，让全国科技工作者满意"。

进入中国科学院知识创新工程二期序列后，文献中心全体上下锐意创新，不断深化服务内涵，提高自身服务水平，在"让研究人员满意""让研究生满意"两个方面均取得了不错的成效，但在"让全国科技工作者满意"方面还受多方面限制，有待进一步开拓和深化。

4.4.1 依托国家平台辐射全国

要做到让全国科技工作者满意，如果仅仅依靠直接提供资源或服务等传统服务方式，显然是行不通的。

国家科技图书文献中心是国家科技文献平台的核心，由若干成员单位组成，开展联合建设和联合服务。作为科技部确认的国家科技文献保障体系重点支持单位之一，国科图（筹）承担着国家科技图书文献中心的资源建设、文献服务和服务系统建设等工作，而且必须以先进的理念、优质的服务和改革创新等举措，在推动国家科技文献平台建设中发挥引领示范作用。

国科图（筹）是国家科技图书文献中心系统理、工、农、医四大领域中"理"的代表，为此，不仅派出经验丰富的专家在国家科技图书文献中心专职工作，而且高效统筹、组织资源建设、文献服务、信息技术等团队全方位参与平台建设工作，这种不计得失、义无反顾地支持国家平台建设的行为，在张晓林看来是"自觉将促进国家科技文献事业发展视为自身发

| 甘当人梯　敢为人先——构建高水平科技知识服务机构之路

展的应有之义"。图4-10所示为2004年12月2日，文献中心向国家科技图书文献中心汇报年度工作。

图4-10　2004年12月2日，文献中心向国家科技图书文献中心汇报年度工作。

国科图（筹）在文献采集、数据加工、资源服务推介等方面发挥了骨干作用，并承担了国家科技图书文献中心三期网络服务系统改造、文献综合管理系统建设、国际科学引文数据库建设、国外科技文献嵌入式检索主界面等服务系统的开发工作，将"建设真正以用户为中心的服务系统""无处不在的知识服务"等理念渗透其中（图4-11）。

同时，国科图（筹）连续4年面向国内图书馆界主动策划组织承办"中美数字图书馆高级研讨班"，从数字图书馆新技术、新理念到服务系统开发，全面宣介数字图书馆建设最新进展和趋势，培养了一大批国内数字图书馆建设和管理的专业人才，为推动我国数字图书馆建设作出了突出贡献。

2006年，国科图（筹）在整合组建后，以更雄厚的实力参与国家科技文献保障体系建设，主动承担了国家科技图书文献中心的数字时代发展战略研究，提出深化国家科技图书文献中心文献信息服务的战略措施，推进国家科技文献保障体系的多元化发展。*

图 4-11　由文献中心承担建设的中国数字图书馆标准规范建设项目网站。

在参与国家科技文献保障体系的建设过程中，国科图（筹）也找到了"让全国科技工作者满意"的实现途径——依托平台，积极发挥引领、示范作用，聚焦国家科技文献信息领域的痛点、难点问题提出有效解决方案，并通过国家科技图书文献中心的机制推广至全国。

4.4.2 "国家人"担"国家责"

国科图（筹）选择的难点之一是如何解决数字文献资源长期保存的难题。当时，我国主要数字资源引进单位普遍存在"只用不存"，缺乏可以永久保存和长期可靠使用的配套措施等问题。于是，国科图（筹）率先提出，重要科技文献数据库要在中国本土长期保存。2004 年，国科图（筹）启动相关研究并于第二年联合国际伙伴合作开展试验。

历经 4 年多探索，2009 年 9 月 3 日，国科图（筹）与 Springer 科学

---

* 王学健，吕秋培. 立足全院，面向全国——国家科学图书馆在国家科技文献保障体系中发挥引领示范作用. 科学时报，2009-6-29: A1.

119

甘当人梯　敢为人先——构建高水平科技知识服务机构之路

与商业媒体集团数字资源长期保存协议签字仪式在京举行。时任中国科学院副院长、国科图（筹）馆长李静海院士与 Springer 首席执行官 Derk Haank 分别代表双方在协议上签字。该协议不仅是中国科学院、还是整个中国大陆的图书馆与国外出版机构签署的第一个数字资源长期保存协议。

随后，国科图（筹）又将中国科学院与 Springer 的协议扩展至高校与农业科学院等教育、科研机构（图 4-12），并实现了 Nature 等出版社资源的中国本土长期保存。而且，围绕数字文献保存的规范与方法研究、系统建设及设备投入等，得到了中国科学院的全力支持。

图 4-12　2011 年 5 月 17 日，国科图（筹）、高校图书馆数字资源采购联盟（DRAA）及 Springer 举行数字资源长期保存协议签约仪式，将已成熟的中国科学院国家科学图书馆 -Springer 长期保存体系扩展至 DRAA 范围。张晓林（中）出席签约仪式。

2013 年左右，国科图（筹）主动提出，长期保存具有国家意义的数字科技文献，更需要国家平台力量的介入。他们向国家科技图书文献中心建议，由科技部支持、国家科技图书文献中心接手建设国家数字科技文献长期保存体系。

"这就是科学院的格局。对全国有好处的，即使国内还没有人意识到应该做或应该如何做，中国科学院作为'国家人'应该承担'国家责'，敢于试验、敢于打仗、敢于胜利。"张晓林说。不久，文献中心还争取将高校图书馆体系纳入进来。

高校是资源建设、使用、保存的主力军。国科图（筹）考虑到避免重复建设的问题，遂主动建议吸引高校系统的主要单位，例如北京大学图书馆等参加进来。

现在，该系统已成为国家唯一的、得到大多数出版社认可的数字科技文献长期保存系统。从2014年开始，作为国家数字科技文献长期保存体系建设的主要负责人，张晓林为之殚精竭虑、奔走谋划，几乎倾注了全部精力，也度过了人生中最为充实、劳碌的七年。如今看着这个系统逐步成为支撑我国科技创新的基础战略资源，他感到既欣慰又自豪。

4.4.3 于国有利，于科技创新有利

2003年10月，德国马普学会发起召开"开放获取柏林国际会议"，会上发表了《关于自然科学与人文科学知识的开放获取的柏林宣言》（以下简称《柏林宣言》），旨在推动国际科技界信息的开放获取（Open Access, OA）。时任中国科学院院长路甬祥代表中国科学家在《柏林宣言》上签字。*

自《柏林宣言》发布以来，学术信息开放获取已经演变成改变学术信息交流模式的运动。"柏林会议"也成为国际上这一领域规模最大、影响面最广、参加人数最多的论坛之一。

中国科学院一直高度重视科技文献的开放获取。2004年，德国马普学会与中国科学院合作30年之际，路甬祥与时任自然科学基金委主任陈宜瑜分别代表两大机构在《柏林宣言》上签字。

开放获取，是指科学研究信息在网络环境中，免费供公众自由获取。开放获取有两种实现形式：一为开放出版，即期刊或会议论文出版后立即开放获取；二是开放存储，即论文出版后存储到相关知识库，一段时间后

---

* 马海燕，高琳. 2010. "开放获取柏林会议"首次在中国召开. https://www.chinanews.com.cn/kong/2010/10-28/2619453.shtml [2022-06-30].

甘当人梯　敢为人先——构建高水平科技知识服务机构之路

开放获取。

最初，开放获取是为应对学术期刊大幅度涨价的一种举措。但经过不断发展，开放获取更重要的意义是将科技知识从少数机构中解放出来，打破知识鸿沟，缩短研究、技术、应用和教育之间的转移进程，拓宽传播范围，提高研究成果转换为社会福祉和社会成员知识素养的速度，同时也可以提高研究成果的显示度和影响力。

因此，开放获取是于科技有利、于创新发展有利、于国家有利的重大新机制。"尽管当时还不知道该怎么做，可能遇到很多麻烦和阻力，但我们必须去推动，这是创新的需要，也是我们的责任所在。"张晓林说。

作为"国家队"，文献中心积极推动开放获取，不仅参加了历届开放获取柏林会议，还承担、组织了于北京召开的第八次柏林会议，这也是首次在欧洲之外举办的柏林会议。

主动作为的文献中心，还成为英国现代生物出版集团（BioMed Central）的第一家亚洲成员。文献中心团队积极参与其中，并设计了为科研人员争取最大利益的集团支持机制，即 BioMed Central 减去文章版面费（Article Publishing Charge，APC）的 20%；中国科学院每年预付 5 万英镑用于支付文章版面费的 40%，院内研究人员实际负担文章版面费的 40%。只要是在期刊投稿界面通过身份认证的中国科学院第一作者和通讯作者，都可享受这一优惠政策。

图 4-13　2014 年 5 月 26 日，全球研究理事会 2014 年大会在北京顺利召开。
（图片来源：中国政府网）

此外，文献中心还承担了全球研究理事会（Global Research Council，GRC）开放获取行动计划评估组织工作。

2013 年，时任中国科学院院长、党组书记白春礼出席全球研究理事会会议。2014 年 5 月 26 日，全球研究理事会在北京召开峰会（图 4-13），会议两大议题之一便是开放获取行动计划评估报告。而在 2014 年之前,中国还没有任何机构提出正式的开放获取政策。为此,张晓林等人通过多方途径与办法推动此事。

在此次大会前,中国科学院和自然科学基金委分别发表了《中国科学院关于公共资助科研项目发表的论文实行开放获取的政策声明》和《国家自然科学基金委员会关于受资助项目科研论文实行开放获取的政策声明》。此举旨在响应全球研究理事会开放获取的理念,表明我国推进全球范围开放共享的态度与行动,进一步提升我国相关科研机构对开放获取重要性和必要性的认识,促进科技知识开放获取工作在我国深入开展。

"如今回想,或许当初推动的过程并非一帆风顺,甚至跌宕反复。但这事关知识传播和利用的重大问题。"张晓林说道,"这也正是文献中心作为知识交流和利用服务核心机构的任务,应该主动调研、设计政策,主动向中国科学院和基金委提供决策建议和参考。"

对于粒子物理开放存取出版联盟(SCOAP3)*计划这样的国际联盟,文献中心人从来不会坐等"邀请函"的到来。2006 年,欧洲核子研究中心(CERN)提出一项被称为 SCOAP3 的计划。到 2009 年 3 月,已有 60% 的加盟资金到账。有人认为,如果 SCOAP3 计划取得成功,将为其他学科的开放获取改革起到示范作用,将成为高能物理(High Energy Physics,HEP)在科技期刊的又一巨大贡献。**

2009 年左右,张晓林等已意识到 SCOAP3 计划将是一种开放获取模式,未来对于资源利用模式、学术交流模式都将产生巨大促动力。于是,文献中心一如既往地主动作为,推动中国参加 SCOAP3 计划。通过与中国物理学会高能物理分会合作,文献中心征得中国科学院同意,成为首家签署该计划意向书的中国机构。

---

* SCOAP3 计划,即由该联盟向各大学、科研机构的图书馆筹集目前用于订阅高能物理文献的费用作为共同资金,提供给出版机构作为同行评议的费用,实现科研论文由"付费阅读"模式向"资助发表"模式的转变,从而使世界各地的读者都能在第一时间免费阅读发表在高能物理期刊上论文的电子版。
** 赵洪明. 2009. 高能物理领域出版的数字化历程——兼论我国科技出版业发展的启示. 第 7 届全国核心期刊与期刊国际化、网络化研讨会: 359-362.

甘当人梯　敢为人先——构建高水平科技知识服务机构之路

为了可持续参与，文献中心积极说服国家科技图书文献中心和科技部代表中国正式参加 SCOAP3 计划，并主动提供支持机制方案。加入 SCOAP3 计划后，由于中国科研人员在高能物理领域发布论文的数量不小，在进入 SCOAP3 计划第二阶段时，若中国不参与，那第二阶段或将无法启动。因此，欧洲核子研究中心专程先与文献中心商谈。当时，文献中心的代表通过视频与欧洲核子研究中心代表会谈，表达了中国肯定参加的意思后，对方"肉眼可见"地松了一口气。

"我们相信这符合中国利益，符合科技部一贯要求，所以先尽力推动、拿下，并通过后续积极努力来促成。"张晓林回忆说。

尽管签署正式协议的那次会议，文献中心代表没去维也纳，但他们还是启动项目，积极协调各方力量，主动参与机制设计，通过不懈努力，最终促成我国相关机构加入 SCOAP3 计划，科技"国家队"履行了自身的使命。

第五部分

突破：聚力知识服务（2015—2020）

进入 2010 年后，全球信息环境处于持续变革中，数字化、网络化、开放化的发展趋势愈演愈烈，人类社会普遍进入"大数据"时代，信息获取模式和信息处理手段发生巨大变化，信息服务产业链随之动荡改变，信息服务市场竞争加剧，对文献情报服务发展带来深刻影响。

"十二五"时期，在面向科技决策一线、科技创新一线、国家与区域科技发展的过程中，文献中心初步建立起全院协同、有机嵌入科研和决策过程的新型知识服务体系，进一步深化支持宏观科技战略决策的战略情报研究服务体系改革，加强融入科研一线的学科情报服务，初步形成面向区域创新发展的重点突出、点面结合的文献情报服务体系，在国内外的影响力进一步提升。

国家将持续推动创新驱动发展战略，以及中国科学院启动实施"率先行动"计划，对文献情报服务在深度和广度上提出新的要求。面对这一重要的战略机遇期，文献中心认清发展形势、找准发展定位，逐渐将发展方向聚焦在打造知识服务核心竞争力的发展方向和重点上。立足中国科学院、面向全国，文献中心重点为自然科学、边缘交叉科学和高技术领域的科技自主创新提供文献信息保障、战略情报研究服务、公共信息服务平台支撑和科学交流与传播服务，同时依托国家科技文献平台和

甘当人梯　敢为人先——构建高水平科技知识服务机构之路

开展共建共享，为国家创新体系下其他领域的科研机构提供信息服务。利用先进的大数据和智能技术，文献中心经过近10年的信息服务网络建设，已建成科技文献信息知识服务平台。

"十三五"时期，文献中心迎接全球开放科学研究的挑战，面向国家创新驱动发展需求，以院"率先行动"计划要求为导向，围绕文献情报大数据资源的收集、组织、加工、服务、保存和传播这条发展主线，业务上发展知识服务，空间上拓展文化功能。

文献中心狠抓数据及文献资源保障服务能力建设，形成了安全可控的科技文献资源保障与服务能力，引领了国家数字资源长期保存和论文开放获取，建成了多元融汇的文献情报数据湖与学术知识图谱；文献中心着力于科技知识服务平台建设，打造计算型科技知识服务平台，提供了科技文献移动获取、精准推送、智能挖掘、关联推荐等知识服务；立足战略情报与科研信息服务，文献中心组织支撑决策的战略情报研究服务，组织学科领域前沿与战略态势分析，开展了面向研究所、区域创新、产业发展的知识服务，发展信息计算型服务，深度挖掘信息与情报。文献中心还着手建设高端学术交流平台，研制期刊全文标准，强化新型学术出版、推动中国科技论文预发布平台建设，建设中文科技文献库，开展学术信息评价服务。

这些举措和探索，不断突破知识服务的界限与障碍，将文献中心的知识服务伸向各个创新体系终端，汇成绵延不绝的创新动力。

5.1 拆掉知识服务中的"墙"

2015年12月的一天，文献中心的一间会议室里氛围严肃，一场围绕文献中心"十三五"发展规划的战略研讨会紧锣密鼓地进行着（图5-1）。这是时任文献中心主任黄向阳履职6个月后召开的一次重大议题研讨会。来自文献中心、地区中心中层以上干部90余人参加会议，同时特邀5位分别来自中国科学院微生物所、百度、中国联通、爱思唯尔及同方知网的专家一同研讨。

图5-1 2015年12月，时任文献中心主任黄向阳主持文献中心"十三五"发展规划战略研讨会。

大家在会上各抒己见，结合当下信息环境持续变革、科研范式转变对文献情报工作所带来的挑战、机遇以及中国科学院"率先行动"计划提出的新的要求进行分析，一同研判未来5—10年文献中心发展趋势及应对策略。

摆在文献中心面前的巨大挑战，有来自互联网公司运用新方法拓展知识服务的新产品，也有来自各科研院所自身不断加强的信息服务等。

知识资源是文献情报机构发展的根本，要使其发挥最大效益，就必须

甘当人梯　敢为人先——构建高水平科技知识服务机构之路

围绕科研组织提供有效的资源服务。因此，文献中心要在全院院所协同、全中心"一盘棋"的架构下，构建分布式大数据知识资源中心体系，组织建设专业化、特色化知识资源，才能为科学家、科研团队、研究院所提供更好的个性化知识资源精准保障与服务。

发展方向明确了，应对思路的轮廓也逐渐清晰了起来：发展"科学家/管理专家/行业专家"参与的情报架构和研究体系；发展基于大数据的情报研究，把数据建设工作逐步打造成核心竞争力，建设文献情报研究的"数据中心"；促进情报产品资源化（数据化），使之成为可再利用的数据型产品等等。

"大数据""数据驱动"，这些在研讨会上高频出现的词汇与党的十八届五中全会所提出的"国家大数据战略"契合，如同燎原之火一般点燃了文献中心年轻人的奋斗热情。但文献中心深深明白，要真正实现从信息化时代向大数据时代的跨步，就必须"逢山开路、遇水搭桥"。

5.1.1　变革，从方寸之间展开

科学技术是推动社会变革的重要力量。互联网技术的深入发展促使我们的世界每天产生大量信息。当信息的规模在获取、存储、管理、分析等方面大大超出传统数据库软件工具处理能力范围时，大数据时代已然来临。

2011年5月，麦肯锡发表《大数据：创新、竞争和生产力的下一个前沿》（*Big data:The next frontier for innovation, competition, and productivity*）的报告。这是世界范围内，首次提出"大数据"时代这一概念。

2012年2月，《纽约时报》的一篇专栏文章中如此描述道："大数据"时代已经降临，在商业、经济及其他领域中，人们的决策将日益基于数据和分析而作出，而并非基于经验与直觉。哈佛大学定量社会研究中心主任加里·金（Gary King）教授说："这是一场革命，庞大的数据资源使得各个领域开始了量化进程，无论学术界、商界还是政府，所有领域都将开始这种进程。"

大数据在物理学、生物学、环境生态学等领域以及金融、通信等行业存在已有时日。作为中国科技的"国家队",中国科学院一直高度重视科学数据在科研发现、信息化建设中的创新及应用。

20世纪70年代,中国科学院开始建设专业数据库。1982年,科学数据库被列入中国科学院"七五"和后10年的10项重大基本建设项目。1986年,原国家计划委员会正式批复同意建设"中国科学院科学数据库及其信息系统",并于第二年正式启动建设。*

到"十二五"时期,中国科学院面向科技创新和科研信息化需求,启动"科技数据资源整合与共享工程"项目建设,目标着眼于"海·云"思想,涵盖数据存储与管理云服务环境、科学数据整合与共享服务、海量科学数据分析与应用示范3个子项目,旨在全面推动中国科学院科技数据基础资源、海量存储与处理基础设施、数据集成与应用先进环境的建设与服务。

在信息与网络技术迅猛发展的助推下,数据密集型科研、在线教育、开放获取及社交网络等发展,进一步改变了信息服务机构生存环境。信息获取方式、知识内容形态、用户需求把握能力、信息交流传播模式以及知识深度利用模式等都发生重大变化。

日新月异的外部变化正在悄然形成一种合力,令文献中心团队强烈地感受到这股力量推动着他们拥抱一场变革。

从科技资源开放化趋势看,开放获取持续深入发展,推动全球开放知识基础设施建设,数字内容关联和互操作性等问题受到高度关注;数字文献从出版源头向数据化、可计算分析转变,为知识计算分析奠定基础;知识挖掘等相关技术的深化,带动情报分析向数据化、工具化、智能化发展。

从用户需求来看,大数据推动用户认知技术不断进步,促进信息服务向主动化、精准化发展;信息交流传播"去门槛化",博客、维基百科、

---

* 李建荣, 张杨. 2016. 开放科学数据, 助推科技创新——中国科学院建成开放服务的科学数据云. https://www.cas.cn/cm/201604/t20160412_4552581.shtml?from=singlemessage [2022-06-21].

甘当人梯　敢为人先——构建高水平科技知识服务机构之路

网络问答式知识服务等非正式学术信息交流网络用户活跃，并促进信息分享与传播。用户不再是单向的内容被动接受者，同时也是主动分享并参与内容创作的信息提供者。

从中国科技发展要求看，"十三五"时期我国深入实施创新驱动发展战略，进一步深化科技体制改革，迫切需要推动文献情报服务向知识服务转型发展。

此时的文献中心，正需要创新的思想、创新的团队、创新的举措主动拥抱大数据时代。

改革的抓手是什么？借鉴互联网平台经济思路，开发基于移动互联网的知识服务平台——中国科讯 App 成为文献中心的试水之钥。一款可有效整合中国科学院集团引进的数字科技文献资源，为全院科研人员、学生及科技管理者提供海量科技文献的移动查询、下载和阅读服务的即时工具，在随时随地发现、利用信息的同时，把握全球科研进展与态势，实现个性化信息自组织，提高科研工作效率——中国科讯 App 的"轮廓"与"内含"被这样勾勒出来。

当这一构思在文献中心传开后，一批批年轻人纷纷响应自愿为此一战。一没有经费支持，二需要投入日常工作以外的时间与精力……这好似吃力不讨好的事情并没有阻拦大家的热情，反而让年轻人热情高涨。跃跃欲试的他们根据自身专长组成 9 支"志愿小组"。"外面互联网大厂能做到的事情，体制内的文献中心也做到了！"这句充满活力的话体现的是志愿小组的决心。他们协调一致，小步快跑、快速迭代；开发任务按月部署、推进，新进展月度总结，每个人都在为尽快达成目标而释放潜能。忙碌又专注的日子总是过得飞快。历经半年研发，2016 年 4 月 28 日，中国科讯 App 发布客户端公开试用版（图 5-2）；2017 年 5 月 25 日，中国科讯 App 发布正式版。

5.1.2　从资源购买到平台共建的转变

中国科讯 App 的推出，不仅打造了一款"科学家口袋里的科研利器",更重要的是,它让文献中心与出版商之间的关系从单纯的"买卖"变为"合作开发"。

图 5-2 2016 年 4 月 28 日,中国科讯 App 客户端公开试用版发布会在文献中心举行。时任中国科学院副院长李静海(左八)出席会议并致辞,并代表时任中国科学院党组书记和院长白春礼对中国科讯 App 的发布表示祝贺。时任中国科学院发展规划局局长汪克强(左七)、中国科学院科学传播局局长周德进(左十)、中国科学院科技战略咨询研究院院长潘教峰(左五)等出席活动。

一直以来,国内科研院所与高校图书馆作为资源采购方,每年都要向出版商支付相应的费用以获得科研、教学所需的文献和数据资源。资源订阅的双方时常博弈——出版商订阅费用连年上涨,从 10% 到 15% 不等。五六年后,采购方的订阅费用近乎翻番。因此,即使采购方的预算同样连年增加,也无法有效解决这一矛盾,矛盾激化的例子并不鲜见。

如在 2010 年,为了抵制某出版商连年上涨的订阅费,国内 33 家图书馆联合对国际出版商大幅涨价说"不",分别向国内外科技界发布公开信阐明自身观点[*],并获得大量关注与支持。坚持不懈的努力终于使得该出版商的涨幅有所抑制。然而当下一轮合同到期,双方之间的新一轮博弈再次上演。

---

[*] 张明伟. 2010. 33 家图书馆联合对国际出版商大幅涨价说不. https://news.sciencenet.cn/htmlnews/2010/9/237116.shtm [2022-05-16].

甘当人梯　敢为人先——构建高水平科技知识服务机构之路

为了获取知识，需要博弈的还不止于此。长期以来，因为涉及知识产权，科学家下载和阅读文献受物理 IP 地址的严格限制；国外一些科研机构虽为其用户提供 VPN 认证服务，使其脱离固定 IP 的限制，但使用者仍要依赖于电脑桌面登录，无法在手机、Pad 等移动端使用。

当得知文献中心要推出一款基于移动互联网的文献服务产品时，出版商不少持反对态度。究其缘由，一些出版商背后是投资公司，而投资公司要的是最大回报，并不会讲什么社会利益，这是其本性。

中国科讯团队更为坚定。随着移动互联网迅速普及，面向移动智能终端整合数字资源和服务，构建满足用户移动服务需求的数字资源保障平台，高效支持信息的便捷获取和集成利用已是大势所趋。

经过多次商讨后，中国科讯团队与爱思唯尔、施普林格·自然、维普资讯及威立等国内外重要科技文献出版机构强强联合，突破物理 IP 地址限制，为科研用户开放科技资讯与随时随地通过 ID 登录认证实现所外获取文献全文等核心功能。

截至 2017 年 5 月中国科讯 App 正式版发布时，通过该平台，科学家在研究所外可移动阅读、获取文献覆盖 3,601 种外文期刊、39,854 种外文图书、14,665 种中文期刊；可获取资源量占当时中国科学院引进商业外文电子期刊量的 54%、外文电子图书量的 38%、中文电子期刊量的 87%。

借助移动互联网技术，中国科讯将出版商的资源高效地送到科研人员手中，同时开拓了创新企业、区域科技管理机构等新市场，这让文献中心与出版商的关系从采购信息服务升级为双向合作（图 5-3）。

思维方式的转变，成就了新的机会。中国科讯积极牵手出版机构的同时，还与 Mendeley 等专业文献管理工具联手推出科研题录功能，为科研用户提供文献发现、获取、管理、分享全链条服务。同时，中国科讯携手百度学术、微软学术等构建全球科研人员的学术交流社区，打造移动学术传播网络，促进交叉学科交流，从资源供应、科研服务、知识平台等多方面，面向全球科技界构建新型科研知识服务生态，为国内外科研工作者提供多功能、多平台的立体化知识服务平台。

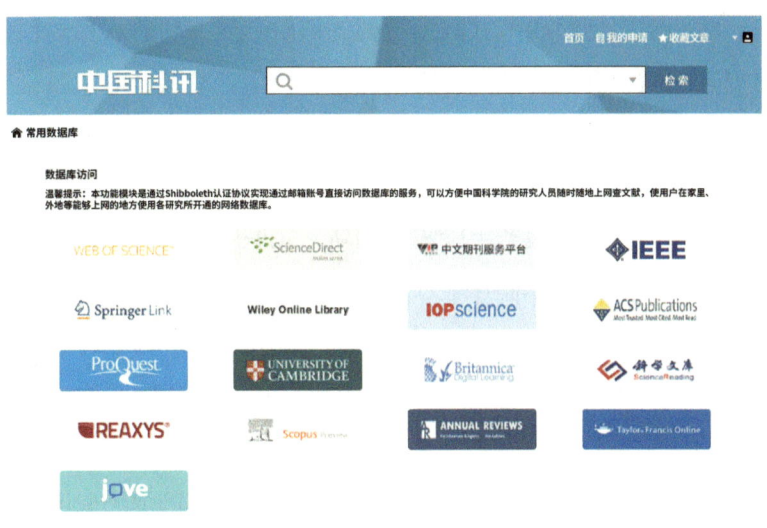

图 5-3　中国科讯基于 shibboleth 认证的 17 家出版商资源。

文献中心研究员张冬荣表示:"这款 App 除了实现移动下载阅读文献,还将不断优化,推送更贴心的服务。目前就已能根据用户的查询习惯及所在领域,进行个性化内容的初步推送。用户觉得重要的文献,还可以直接发到自己的邮箱保存或深度阅读。"*

除了文献服务,中国科讯在科学传播方面也开拓了一个新渠道。"十三五"时期,中国科讯相继开发出 App 版、微信小程序版以及网页版等多个平台,可满足用户不同场景的应用需求,为科学传播提供了极大便利。

时任文献中心主任助理龚惠玲谈及中国科讯助力科学传播工作时表示:"中国科讯创新开展科研在线直播服务,打破地理位置和时间的限制,便捷、免费全程观看且可回看,面向广大科研人员和学生,实现了线上、线下双向互通,更好地推动了科学传播。"

5.1.3　高效知识服务功夫全在"画外"

中国科学院副院长张涛曾指出,随着信息时代的到来,数据信息爆炸

---

* 丁佳. 2016. 中科院推"中国科讯"应用:移动的科研利器. https://news.sciencenet.cn/htmlnews/2016/5/345165.shtm [2022-05-18].

甘当人梯 敢为人先——构建高水平科技知识服务机构之路

式增长，数据密集型科研范式成为重要的科研范式，科研人员对科研信息与科研交互的需求愈发强烈。特别是面向学科多元交叉，对从基础研究到应用研究再到市场研发整个创新价值链的文献情报知识梳理充满渴求，并且科技创新研发活动也面临海量数据分散孤立、知识价值难以判断的问题。这意味着科技信息服务手段需要创新，知识服务的内涵需要拓展，要打造新型精准的科技信息服务能力，提升科研知识生产率和竞争力。*

围绕国家科技发展需求及中国科学院"率先行动"计划，文献中心凝炼出"一三五"规划，其中，"分布式大数据知识资源体系建设、覆盖创新价值链的科技情报研究与服务体系（建设）、集约化数字出版与知识服务云平台建设与示范，这三个突破方向分别代表文献情报中心的三个业务发展重点领域"。时任文献中心业务处处长曾燕在解析文献中心"十三五"时期重点工作时表示。

其中，在分布式大数据知识资源体系建设方面，文献中心提出以用户需求为牵引，服务效果为驱动，着力在知识资源保障能力、知识资源大数据服务能力和知识资源开发利用新模式方面取得重大突破。

以知识资源保障能力为例，文献中心以创新知识资源保障模式和推进院所协同共建共享机制为基础，进一步扩展知识资源获取渠道，深化商业数字资源服务权益，拓展开放知识资源和特色知识资源建设，加强中国科学院及国家重要科技数字文献资源的安全存储和长期保存。

截至 2017 年，在文献中心保存了 Springer 期刊库、NPG 期刊库、Wiley 期刊库、RSC 期刊库、PNAS 期刊库、IOP 期刊库、BMC 期刊库、Springer RLOS 期刊库、AGU 期刊库、维普科技期刊库、Springer 实验室手册数据库、Springer 电子图书数据库、Wiley 电子图书数据库、IOP 电子图书数据库、RSC 电子图书数据库等资源。**

在此基础上，2020 年，文献中心先后实现了 Springer Nature OA

---

* 丁佳. 2018. "慧"系列智能知识服务产品发布：打破数据"孤岛"，提升科研效率. https://news.sciencenet.cn/htmlnews/2018/12/421510.shtm [2022-05-16].
** 张晓林，吴振新，赵艳，等. 2017. 国家数字科技文献资源长期保存体系的战略与实践. 图书馆杂志，36(12): 14-19.

资源和 Springer Materials 的长期保存，在事实型、数据型资源长期保存的基础上再次发挥开拓和引领作用。其中，文献中心和 Springer Materials 长期保存协议的签署，是在国际上首家实现 Springer Materials 在用户机构的长期保存，也是在我国首家实现大型工具书类数据库的长期保存。*

从 2009 年起，文献中心便与多家出版商寻求长期保存的合作。据当时执行长期保存合作谈判的文献中心资源建设部赵艳介绍，出于对自身成本、技术难度以及管理协调等因素的考虑，出版商对长期保存合作需求的理解和响应经过了一个比较漫长和困难的过程，但在文献中心的不懈坚持下，加入此项合作的出版商逐渐增多。

2020 年初新冠疫情突发，为满足科研一线文献移动获取的需求，赵艳组织带领资源建设部紧急启动与数据库商的谈判，并获得多家合作伙伴的支持。"现在，80% 以上的资源都可以支持移动访问权益。"赵艳表示。

自身能力建设是情报机构提供高质量情报产品的基础，并随着内外部环境变化而变化。"十三五"期间，互联网和移动互联网成为科技情报工作的信息基础设施，海量数据及大数据、人工智能等技术也成为新的技术基础，这必将改变原有的科技情报工作模式，与之相适应的情报工作体系和情报理论的建设也成为情报研究的新方向。

为了顺应这些变化，文献中心还提出进一步培育语义知识组织、情报分析方法体系、精准服务、新型出版、科学文献与科学数据关联融汇等关键知识服务能力等重点培育方向，向建成引领示范型的国家科技知识服务中心目标发展。

"知识服务要提质增效，就要求我们增加数据的厚度，挖掘数据的价值，提升知识服务响应的及时性。"文献中心数据资源部主任钱力谈到 2018 年推出"慧"系列智能知识服务产品时，难掩激动之情。基于在上述三个重点突破方向上的工作进展，"慧"系列产品为中国科学院的科研人员全面提供科技大数据精准知识服务，"我们要做智能感知与主动型知

---

* 佚名. 2020. 文献情报中心和 Springer Nature 签署 Springer Materials 数据库在中国长期保存的协议. http://www.las.cas.cn/xwzx/zhxw/202012/t20201225_5842931.html [2022-05-20].

甘当人梯　敢为人先——构建高水平科技知识服务机构之路

识服务，通过研发互联网产品实现让'科技大数据多跑路'，就像科技界的'今日头条'"。

"十三五"时期，文献中心知识技术团队利用大数据＋人工智能技术，从数据汇聚融合、计算加工、知识组织以及数据驱动的知识服务模式等方面入手，规划分布式大数据中心、智能知识服务等一系列任务，建成了文献情报数据湖，发布了"慧"系列知识服务平台（图5-4）。

图5-4　2018年，中国科学院副院长张涛（左七），时任中国科学院副秘书长汪克强（左六）、中国科学院发展规划局局长谢鹏云（左五）、国家科技图书文献中心主任彭以祺（左八）等共同主持发布"慧"系列知识服务平台。

基于科技文献大数据语料，利用深度学习技术方法，从科技文献大数据中获取解决问题的知识，并利用这些知识构筑文本挖掘的基础和核心的人工智能组件，支撑科技文献的挖掘和利用，进而全面推动文献情报服务向智能、精准、及时、主动、开放的科技知识服务转型。基于大数据的知识服务平台，"慧"科研平台将根据用户使用习惯、阅读喜好等不断优化推送信息的准确率。

通过这样的数据交互和数据流动，文献中心面向科研人员个人推出真正的精准服务。在文献中心知识服务团队的计划中，科技界的"今日头条"只是个起点。

"未来，我们要打造基于知识服务的开放学术生态系统，融入更多用户角色、更多服务场景以及大数据、人工智能与区块链技术，让科研人员可在我们的平台上开展开放且可信的学术交流活动，实现数据自我造血体系、知识获取更精准及群体智慧涌现力更强，让我们的产品真正成为科研人员的贴身助理。"钱力说。

基于此，在文献中心最新的一次业务架构调整中，数据资源部成立。"该部门负责全中心数据的建设、保存与治理，"文献中心科技管理处处长韩涛说，"让数据既为知识服务赋能，又能通过服务应用增值，同时回流到数据资源体系，成为全中心的数据资产。这也正是文献中心的核心竞争力所在。"

5.2 从区域创新寻需求、觅动力

区域创新和社会经济发展，对信息和情报的需求日益旺盛，以图书馆为代表的文献情报机构已经和正在区域创新和经济发展过程中发挥重要作用，提供科技信息和情报服务，支撑科技创新活动，支持区域创新和经济发展。

文献中心作为国家级文献情报机构，服务于全国科技创新发展是一贯的战略目标；服务地方科技发展，支持地方经济建设和社会发展也是重要任务之一。在保障中国科学院内科研活动的文献情报需求的前提下，面向中国科学院之外的地方科研机构、地方政府、园区企业提供文献情报服务。

在"十二五"期间，文献中心将服务拓展到 18 个省科学院，为地方政府、企业等提供服务，在产业技术情报方面取得发展；形成重点突出、点面结合的服务体系，形成服务机制和模式。

"十三五"期间，文献中心面向"五位一体"的区域创新体系建设与发展，以"需求驱动、问题导向、信息集成、开放协同、支撑发展"为服务理念，在建设面向区域发展的集成性科技情报服务体系，面向省科学院和中国科学院 STS 网络发展的信息和情报服务方面部署重点任务，并有所突破。

2013 年 11 月 5 日，由文献中心发起的"全国科学院联盟文献情报分会"在京成立（图 5-5），由张晓林任第一任理事长，刘细文任秘书长。来自中国科学院科技促进发展局、全国 18 家省科学院的多位代表共同见证了这一时刻。

图 5-5　2013 年 11 月 5 日，"全国科学院联盟文献情报分会"在京成立。

服务地方科技发展，是文献中心重要战略目标之一。早在 2010 年，张晓林带队赴新疆石河子等地调研。面对当地对文献信息资源服务等急迫需求，在会议现场便落实科技文献服务对口支援工作。

2012 年，支持省科学院共享中国科学院文献情报服务启动后，文献中心对全国多家省科学院文献情报需求进行调研，并与 14 家省科学院签订服务合作协议。* 经过多年不断建设，签订服务合作协议的省科学院已达 18 家，文献中心已将区域信息服务逐步从基础服务推向深层次服务发展。

紧跟国家重大发展战略，依托中国科学院文献情报保障体系优势，文献中心及成都文献中心、武汉文献中心将情报系统服务资源与能力向地方科研机构、政府部门、产业企业不断延伸，为区域科技创新、社会经济发展提供不可或缺的信息服务。

5.2.1　区域服务，使命所在

中国科学院自建院之日起，始终坚持服从服务于国家经济社会发展与国防建设，一直重视与企业、地方政府、大学和其他科研机构在科教以及

---

*　佚名. 2013. 全国科学院联盟文献情报分会在京成立. https://www.cas.cn/xw/yxdt/201311/t20131106_3968774.shtml [2022-08-16].

甘当人梯　敢为人先——构建高水平科技知识服务机构之路

经济社会发展等方面的广泛合作，并为国家发展作出重要贡献。*

2012年12月，中国科学院与17个地方科学院共同组成全国科学院联盟，以促进中国科学院与各省科学院优势互补，推动协同创新，促进重大产出，实现共赢发展。在院地合作"一三五"规划中明确提出，中国科学院与各省科学院进一步开放科研基础设施、实验条件和文献情报资源，促进共赢发展，这是中国科学院首次提出支持省科学院共享中国科学院文献情报服务。**

这对文献中心提出了新的要求，也为文献中心开辟了服务的新领域。2013年，全国科学院联盟文献情报分会成立，旨在推进面向18家省科学院的文献情报服务。

省科学院是各省重要的科研机构，结合本省和区域经济社会发展的科技需求，从事面向应用科学的研究与应用技术的开发。

当时，各省对文献情报服务既缺乏又渴求。省科学院的文献情报服务多年处于相对落后状态，文献中心调研发现，省科学院虽设有文献情报机构，除个别省科学院以外，多数省科学院文献情报队伍实力薄弱，现代文献情报服务意识、知识、能力和条件都非常有限，对文献资源的发掘利用和对读者培训咨询的能力十分薄弱。

再者，限于当时技术发展，地方网络条件差是制约省科学院文献情报服务发展的关键问题。文献中心团队曾就此调研，各省科学院机关都可通过固定IP访问网络，但80%以上的省科学院下属研究所是没有固定IP的。只有个别研究所接入宽带，而带宽仅有2M。因此，网络访问十分不流畅，直接影响各种电子资源的利用。***

文献中心团队调研后发现，与中国科学院的科研院所需求相似，省科学院科研创新过程中有科技文献的需求，科研管理过程中有科技查新、技

---

* 孙殿义. 2009. 植根祖国大地，践行科技强国富民之路——中国科学院院地合作六十年. 中国科学院院刊，24(6): 585-592.
** 贾苹，徐慧芳，孙玉玲，等. 2013. 中国科学院与省科学院合作框架下的文献情报服务共享. 图书情报工作，57(18): 16-20, 37.
*** 贾苹，徐慧芳，孙玉玲，等. 2013. 中国科学院与省科学院合作框架下的文献情报服务共享. 图书情报工作，57(18): 16-20, 37.

术成果评估和转化需求，以及科技决策、学科和产业态势等宏观综合分析需求。*

区域创新发展的知识服务需求，就是文献中心发展的方向与动力，最终形成了文献中心的"面向决策一线、科研一线、区域发展一线"的总体布局。

5.2.2 由浅入深，逐步升级

文献中心通过10年探索与实践，根据各地发展所需，将区域信息服务逐步从基础服务推向深层次服务发展。在针对省科学院科技创新的服务中，面向区域经济和产业发展的服务，根据信息环境和用户需求的变化，不断拓展服务内容、创新服务模式、建立服务机制；形成面向区域、产业、地方科技的文献情报服务网络和系列服务。

例如，在全国科学院联盟的框架下，文献中心牵头成立文献情报分会，与多家省科学院从文献资源保障、科研信息素质培训、文献情报能力提升、科技决策情报分析和成果转移转化的信息服务等方面切入，开展文献情报共享服务。从基础的文献服务入手，逐步深入到个性化定制服务、专题信息服务、竞争力影响力分析和产业态势分析、产业技术市场分析等。**10年来，全国科学院联盟文献情报分会为省科学院科研人员提供科技文献47,800余篇，专题文献检索266项，联合科技查新1,000余项；组织科研人员信息素质培训190余场，参与培训累计超过10,500多人次；每年组织交换馆员培训和文献情报能力培训，累计1,300余人次参加；联合开展战略情报与产业情报研究服务，各种分析研究报告/快报320余份。

在这一过程中，文献中心从服务省科学院的科技创新发展，到联合省科学院为区域发展提供知识服务，服务政府、企业和特色产业发展，助力区域智库建设。

---

* 贾苹，闫亚飞，郭文姣，等. 2020. 面向区域创新与产业发展的信息服务实践研究——以中国科学院文献情报中心区域信息服务为例. 图书情报工作，64(24): 24-31.
** 贾苹，闫亚飞，郭文姣，等. 2020. 面向区域创新与产业发展的信息服务实践研究——以中国科学院文献情报中心区域信息服务为例. 图书情报工作，64(24): 24-31.

甘当人梯　敢为人先——构建高水平科技知识服务机构之路

江西省科学院科技战略研究所就是一个很典型的例子。该研究所在2013年以前为江西省科学院图书馆。在文献中心的大力支持下，双方互信共享、无间合作，实现科技情报资源的共享、专家人员互动交流和科研项目的协同攻关。双方联手开展《创新驱动发展动态》快报编制，为支撑江西省科技创新决策，围绕关注的科技政策和产业发展的热点问题，提供创新政策、前沿技术和典型案例的信息服务，多次获该省时任领导的重要批示。

如今，这座曾经的图书馆已从一个传统的文献机构成功转型为科技战略研究所。2021年，该研究所成为中国工程科技发展战略江西研究院运行管理单位，同年被评为省级重点高端智库。

这样的例子不是少数。文献中心联合黑龙江省科学院在区块链产业技术、我国农业发展方向及黑龙江省农业发展建议以及大数据产业、数字经济产业、生物多样性等领域开展研究和服务，为省政府提供决策建议；与河南省科学院合作的《构树产业分析研究报告》为企业"杂交构树产业共性关键技术应用与示范推广"和开展科技扶贫提供情报支撑；《科研机构科技创新能力评估和科研影响力分析》支撑河南省科学院科研布局；联合江西省科学院在江西稀土产业、全球有色金属材料产业等领域开展分析研究；联合河北省科学院在河北省钢铁产业转型升级、大数据产业等领域开展研究，为地方特色产业发展和转型提供情报支撑。截至2019年底，有13个省科学院已有、新建或由其他部门转为文献情报服务、战略研究部门开展相关工作，服务能力得到提升。

通过几年合作实践，实质性地推进文献情报共享服务拓展，文献情报服务得到各省科学院的普遍重视。推进服务内容从文献服务发展到深入的产业技术分析，乃至科技战略和科技政策支撑的信息和情报服务。服务从支撑省科学院的创新发展，到联合省科学院共同促进区域经济和科技的发展。中国科学院文献中心根据省科学院需求，主动设计，积极推动，通过服务示范再进一步推广，服务科技创新和区域经济发展。

除此之外，还通过与中国科学院分院等的合作，服务中国科学院与地方科技合作，服务园区和企业；开展支持区域发展和政府决策的信息和情报服务，开展支持中国科学院与地方科技合作发展的战略咨询服务，如济宁市重点产业发展信息调研，帮助济宁市政府摸清高端装备、高端化工、生物医药、新材料等产业现状，了解新的技术需求，形成产业链，引进技术成果，进行转化落地。《生物质转化利用产业咨询报告》围绕生物质转化与利用产业，构建面向产业（技术）决策的情报分析方法体系，满足地方政府产业发展决策需求。研究制定"十四五"中国科学院与吉林、黑龙江两省的科技合作促进区域创新发展规划，分析研究中国科学院与吉黑两省"十三五"科技合作与区域发展工作成效；分析梳理中国科学院与江苏省、山东省科技合作的成效，包括科技成果转移转化、科技合作、科技对接服务、科技咨询、人才合作、人才培养以及产业化工作及模式创新和机制探索等方面。

经过多年努力，构建了以省科学院、分院、园区企业为节点面向区域创新和产业发展的文献情报服务网络，建立了服务嵌入、责任馆员、联盟分会、年度调研、平台共享等有效的合作机制，形成用户需求驱动，面向省科学院、政府园区、产业企业的文献情报服务系列产品。区域服务已从单向扶植型向双向互惠型转化，用户既是服务对象又是协同伙伴，知识服务能力在共享服务过程中建立和传播，并实现跨地域和领域整合用户资源等服务特色。

5.2.3 同频共振，赋能创新

位于成都与武汉的地区文献中心，在多年探索与创新过程中，将区域服务内容不断升级，从文献服务发展到深入的产业技术分析乃至科技战略和科技政策支撑等方面。

2022年5月27日，中国共产党四川省第十二次代表大会开幕，一份题为《高举习近平新时代中国特色社会主义思想伟大旗帜 团结奋进全面建设社会主义现代化四川新征程》的报告，为与会的800多名党代表科学描绘了四川未来5年发展的美好蓝图。

甘当人梯　敢为人先——构建高水平科技知识服务机构之路

这份高度科学凝练、指引未来方向的报告蕴含着来自成都文献中心贡献的智慧——"成都文献中心承担我们省委重大课题即'四川构建产业发展新优势研究'。该课题通过结题评审之后，一些相关观点为四川省第十二次党代会报告所吸纳、参考。"四川省委政研室调研二处处长谢圣赞的讲述，透着对成都文献中心的认可与信任。

2017年，为构建四川新型智库体系，以科学咨询支撑科学决策，四川新型智库建设领导小组（以下简称领导小组）面向中央在川的科研单位、高校以及四川省社科院、省委党校和省属高校等一系列与智库相关的单位发布申请成立新型智库的通知。

一时间，前来"揭榜"的各路机构多达256家，成都文献中心也加入激烈的竞争中。经过多轮筛选、论证，最终确定包括成都文献中心在内的22家机构批准进入首批新型智库名单。

作为现代产业与创新发展研究智库的依托单位，运行5年来，成都文献中心已承担课题近10项，研究报告13份。这些成果一部分形成智库成果专报报给四川省委省政府，一部分转化为四川省委主要会议决定中的相关文件中的内容，为全国经济大省四川的高层决策提供智慧支撑。"这22家智库通过综合比较，成都文献中心位于第一方阵。"谢圣赞表示。

"我们面向地方服务时，既要体现出科学院'国家队'的力量，也要与地方实际发展情况相结合，不做空中楼阁。"成都文献中心发展咨询部主任肖国华表示。

成都文献中心区域与产业情报团队聚焦科技自立自强和产业链供应链自主可控的战略要求，瞄准"卡脖子"问题，围绕关键核心技术所涉及的产业创新发展，针对产业链供应链主要环节的关键技术需求，开展新科研范式下的数据要素资源建设和智能情报研究，集中力量深化碳达峰碳中和、科研仪器、医药医疗与大健康、信息技术与智能制造等方面关键技术与相关产业的情报研究与决策咨询服务。

聚焦主责主业，注重口碑与品牌，成都文献中心团队交出了一份份"高质量"答卷。围绕成渝地区双城经济圈建设的国家战略，由该团队主持的中国科学院 STS 区域重点项目"成都分院（川渝藏）科技合作与区域创新发展研究"、全国科学院联盟合作项目"成渝高新区产业布局比较研究"、四川省委智库办委托课题"成渝城市群打造世界级先进制造业产业集群和创新驱动研究"、四川省省级知识产权专项资金项目"成渝高新区主导产业知识产权布局与创新路径研究"等多项任务颇受好评。

"中国光谷"因为"光"得名。这里是中国第一根石英光纤诞生地，也是全国第二个国家自主创新示范区。"中国光谷"是武汉的一张名片，这块 518 平方公里的土地上，拥有全球最大的光纤光缆生产基地、最大的光电器件研发生产基地、最大的激光产业基地和最大的地球空间信息产业基地。党的十八大以来，习近平总书记先后三次来到这里，对加强科技自主创新提出要求。

武汉文献中心很早就开始关注激光产业发展，并与"中国光谷"的建设保持着紧密的联系。自 2012 年首次编写《中国激光产业发展报告》（以下简称《报告》）以来，武汉文献中心编写团队与专家编委团队始终秉持客观、公正的原则，验证和发布每一条指标数据。中国光学学会理事长、中国科学院院士龚旗煌曾这样点评《报告》：已逐渐成为支撑行业发展决策的权威研究成果。

"市场就是我们的客户，我们的数据被引用得越多，越能说明大家对我们的认可。"武汉文献中心副主任江洪说。依托中国科学院研究所及专家的智力支持，经过多年努力和市场的不断验证，《报告》已成为各大基金公司、券商及上市公司各类资料中引用的"黄金标准"，每年初发布《报告》后，都吸引大批主流媒体争相报道。

"我们已掌握了 1,000—1,500 家激光行业企业的数据，参与《报告》编写的核心专家有 30 多位，数据翔实，而且能够提供产业分析及预测。"谈起这些，江洪的自豪之情溢于言表，"从技术链到产业链，《报告》提供了从宏观到微观的评价体系，对整个行业都具有指导性。"基于报告的权威影响力，不少激光领域的企业都主动要求成为报告调研的企业，为报告提供数据支撑。

甘当人梯　敢为人先——构建高水平科技知识服务机构之路

在发布权威报告的基础上，武汉文献中心深耕激光产业，形成了由报告、会展和情报网组成的一个信息生态闭环。武汉文献中心已经连续成为中国国际光电博览会的承办单位之一，多年参与策划中国激光产业大会、世界激光产业大会等行业重大活动。

基于在光电领域的服务经验，多年来，武汉文献中心还在航天科工、装备制造等领域不断发力，陆续签约成为中航科工集团、张江集团、三峡集团、中国船舶集团、武汉工控集团和龙安集团等企业的咨询服务提供商。

图5-6　2018年12月，武汉文献中心《加快创建有特色国家科学中心　奋力抢占科技创新制高点》获得"2016—2017年度湖北省优秀调研成果奖"二等奖。

2018年12月，武汉文献中心《加快创建有特色国家科学中心　奋力抢占科技创新制高点》获得"2016—2017年度湖北省优秀调研成果奖"二等奖（图5-6）。此外，武汉文献中心借助中国科学院与地方深度合作的机会，与湖北以外的区域研究机构开展广泛合作。2019年，以福建省推进高水平新型智库建设为契机，武汉文献中心实地支撑中国科学院海西研究院科技发展战略研究中心建设福建省高水平智库，围绕福建省重点产业和特色产业的科技信息需求和产业决策需求，探索建设综合性、权威性、公共服务型的新型产业情报研究和咨询服务机构，相关成果得到福建省委及政府领导批示。

5.3 走出中国科学院，寻找更广阔的市场

市场是检验服务能力的重要标准。2016 年，文献中心迎来了"大考"级挑战。

5.3.1 华为来信

在世界市场中，通信行业向来竞争异常激烈。华为技术有限公司（以下简称华为公司）在全球拥有约 17 万名员工，其中大概有一半从事研发工作。华为公司基本法中明确规定，每年收入的 10% 将固定投入到研发领域。*

由此，华为公司产生了大量知识产权。华为公司深知，随着知识管理理论与实践的发展，知识已成为企业的核心资产，加速知识的生产、分配、获取、共享和利用，将为其创造更大价值。

2016 年 6 月，华为公司启动知识组织服务项目招标工作。华为公司知识资产管理战略的核心需求是构建公司级语义知识网络，对分散在多个业务系统中的海量文本信息进行语义分析和挖掘，实现知识组织以及基于语义的智能化、场景化的知识发现和精准推送服务，加速提升掌握和应用知识的能力。

面向国内外知识服务主要机构，华为公司明确提出开展知识组织体系培训、分享企业知识组织体系实践案例、实施用户调研与知识管理系统评估、交付知识组织整体解决方案、完成试点业务领域的知识组织体系优化和华为公司知识类型分析 6 大项服务任务，交付时间为 6 个月。

---

* 王硕. 2022. 华为年报背后……. https://baijiahao.baidu.com/s?id=1728925046990036637&wfr=spider&for=pc [2022-07-15].

甘当人梯　敢为人先——构建高水平科技知识服务机构之路

在获知项目招标信息后，文献中心高度重视此次合作契机，立即组建核心团队对投标方案、竞争优势、项目组织和实施等内容进行多次讨论。黄向阳指导并参与项目投标方案设计，赵艳负责组织刘峥、宋文、张建勇、钱力等人成立核心工作小组，全力起草投标方案；文献中心科技管理部门在投标资质材料准备、投标流程等方面给予大力支持……华为项目团队（图5-7）充分展示了文献中心在知识组织上的研究积累与实践经验，最终在全球多家竞争对手中脱颖而出，赢得此次合作机会。

在项目服务过程中，刘峥、宋文、张建勇、钱力纷纷通过华为公司面试，作为顾问承担项目任务；文献中心资源建设与知识组织中心和信息系统与知识计算中心组织调配多人参与，形成小核心、大网络的支撑团队，协助、配合顾问们保质保量完成任务。

项目团队充分发挥专业优势，将科研知识服务经验转化为企业知识服务方法，面向试点领域的知识管理全生命周期构筑了基于语义的知识组织体系及原型系统，引入科研知识生态圈建设理念，打造了知识组织整体解决方案，使华为公司的知识生产、分配、获取、共享、利用的效率得到有效提高，加快了企业知识创新的效率和进程。

图 5-7　项目团队合影

项目实施过程中，项目团队成员克服连续出差、加班加点、高强度、高压力工作等困难，调整并建立了适应企业的项目管理和运行机制。经过两个多月的推进，文献中心完成了知识组织体系培训、企业知识组织体系优秀实践案例培训、3MS用户调研与系统评估、1个典型业务领域的知识组织解决方案和原型系统开发等任务。

2017年，文献中心顺利通过华为公司为期7个月的知识组织服务项目验收：知识组织培训满意度达 94%，知识组织原型系统的一次查准率达 90%，知识处理方法在多项业务领域推广应用，知识组织整体解决方案在华为公司新一代公司级知识服务平台上应用实施。此次咨询项目的成果获得华为公司的高度认可，华为公司项目管理能力中心特向文献中心发来感谢信（图 5-8），并与文献中心签订进一步深化合作协议。

图 5-8　华为公司项目管理能力中心致文献中心的感谢信。

为华为公司提供知识组织解决方案，是文献中心面向全球 500 强企业知识服务需求、以应用为牵引开展知识组织的重要探索与实践，为文献中心解决面向支持机构提供知识服务与应用实践积累了宝贵经验。

中国科学院副院长张涛院士在获悉双方的成功合作后表示，这是文献中心开辟知识服务新方向上的一次成功探索，他希望，文献中心总结经验为国内外知名组织提供更好的服务。

5.3.2　知识产权服务支撑高质量科技成果保护

近年来，从基础研究、应用研究到产业化，中国科学院在打通科技创新价值链的路上一直没有停止探索的步伐。

甘当人梯　敢为人先——构建高水平科技知识服务机构之路

为更好践行中国科学院面向国民经济主战场的使命，文献中心按照中国科学院党组的决策部署，在中国科学院科技促进发展局的直接领导下，迅速构建起适应中国科学院研究序列和发展方向的知识产权运营体系。

2009 年，中国科学院知识产权信息服务中心依托文献中心成立，以文献中心情报分析研究为基础，开展知识产权分析评议、知识产权数据挖掘、专利导航和知识产权风险预警等知识产权情报服务工作。

2019 年，中国科学院第 7 次秘书长办公会议研究决定，将"中国科学院知识产权运营管理中心"（以下简称知识产权中心）依托单位由中国科学院计算所变更为文献中心。知识产权中心为院设非营利的非法人单元，主管部门为中国科学院科技促进发展局。知识产权中心由挂靠中国科学院计算所变为依托文献中心后，以知识产权服务和运营体系为核心，搭建知识产权全产业链的服务网络，通过院 IP 中心、领域 IP 分中心（包括信息通讯 IP 分中心、能源化工 IP 分中心和生物医药 IP 分中心）、研究所进行渗透和辐射。

2019—2022 年，依托知识产权中心，文献中心组织开展普惠计划、挑战计划、专利拍卖和授权 3 年待转化专利运营、科研组织知识产权贯标以及重大项目专利导航等工作，为中国科学院院属研究所成果保护提供知识产权服务和支撑。启动了对全院授权 3 年以上待转化专利的梳理和调查，并开展评估和运营工作；通过拍卖、协议转让、作价入股等方式帮助研究所转化 300 余件专利；支持 37 家研究所完成贯标认证；为研究所开通专利数据资源，建设专利运营管理平台；构建专利池，促进成果转化；开展生物基碳纤维、稀土高性能钢、碳离子治疗设备、硼中子俘获治疗、煤制乙二醇、储氢制氢、稀土等项目专利导航报告和侵权风险分析报告，提供专利布局挖掘建议。针对全院抗疫成果开展知识产权调研，形成专报，被院领导批示。

中国科学院全院专利涉及多个产业方向，针对不同产业、不同技术方向的专利从获得授权到转化应用所需平均时长不同，2020 年，知识产权中心启动了对全院授权 3 年以上待转化专利的梳理和调查，并开展评估和运营工作。*

2021年8月，文献中心顺应科技创新需求进行改革，成立知识产权研究部，专门从事知识产权战略情报、学科情报与产业情报研究与服务。文献中心研究员赵亚娟表示，对中国科学院各研究所相关专利进行系统梳理和有效组合，形成合力，在技术创新和产业发展上发挥更大的作用。

2022年6月，文献中心成为国家知识产权海外维权应对指导中心重点联系单位。这既是对文献中心过去知识产权工作的一个肯定，也对未来工作提出了更高的要求。接下来，文献中心还将创新体制机制，充分利用研究所和领域/区域中心的优势，以行政与市场化相结合的方式，吸收全链条资源，构建新的知识产权运营管理体系，促进与研究所、国科控股、区域中心、育成中心、创投基金等合作，面向国民经济主战场，坚持"科技促进经济发展"的决心，促进中国科学院全院成果的转化。

---

* 沈春蕾. 2020. 中科院发布文件优化知识产权管理：让知识产权从"书架"走上"货架". https://news.sciencenet.cn/sbhtmlnews/2020/5/355037.shtm [2020-07-13].

5.4
疫情！疫"情"！

2020年是深刻影响我国与世界发展的极不平凡一年。这一年，新冠肺炎病毒席卷全球，我们目睹了疫情对世界各国人民造成的灾难和国际政治经济格局的重大变化，更见证了中华儿女在党中央的坚强领导下，用"生命至上、举国同心、舍生忘死、尊重科学、命运与共"的伟大抗疫精神，取得疫情防控重大决定性胜利。

2020年2月，习近平总书记在统筹推进新冠肺炎疫情防控和经济社会发展工作部署会议上强调："中华民族历史上经历过很多磨难，但从来没有被压垮过，而是愈挫愈勇，不断在磨难中成长、从磨难中奋起。"

疫情就是命令！文献中心积极投入抗疫斗争，为疫情防控科研攻关提供文献情报支撑，以保障中国科学院抗击新冠肺炎科研活动的顺利开展。

在战略决策支撑方面，启动关于突发公共卫生事件应对调研分析工作，了解疫情防控的国际科技态势，积极建言献策，充分发挥智库的重要作用；在科研攻关组织管理方面，从全球视野出发，梳理分析中国科学院在冠状病毒诊断技术及疫苗、抗体、药物研发方面的相关科研力量、成果，为管理决策提供参考；在科研攻关信息支撑方面，为兄弟院所联合开展的病毒分析仪研发提供关键技术情报服务；在科技创新信息服务方面，主动向科研一线提供文献保障，推出多种可支持远程获取数字学术资源方式，有效解决疫情防控期间数万研究人员居家办公访问文献数据库受限问题；在专题信息平台方面，开通新冠病毒知识服务与科研攻关交流平台，提供科技大数据专题服务，支撑中国科学院新冠病毒科研攻关组信息共享与交流。

5.4.1 文献服务不断，助力科研攻关

自 2020 年 1 月 23 日起，全国各省市陆续启动重大突发公共卫生事件 I 级响应。疫情形势严峻，科研理论研究与实验工作肩负重任，迫切需要在短期内取得突破性进展。

此时正值新春佳节，但是科研人员的抗疫热情高涨，文献需求量激增，再加上恰逢国家自然科学基金课题的申请、应届毕业生撰写论文等工作，文献获取需求激增，一时间达到平时的 1.5 倍。

急科研人员之所急，文献中心集体成为疫情期间的"逆行者"。文献服务部紧急部署提前复工，恢复服务的第一周，主动推行中国科学院科研人员文献获取免费服务的政策；面对超负荷订单量，他们主动放弃了大量的休息时间，团结一致、分工协作，按时完成全部订单处理，确保 24 小时内将文献传递给读者。

在与疫情鏖战时，与文献中心合作的 17 家出版商资源已无法满足当时科研用户的需求。与国内高校不同的是，中国科学院电子资源是多种采购方式并存，不同领域的研究所订购的资源也各有针对性。

文献中心资源建设部紧急启动与各数据库商的谈判，信息系统部启动技术开发……大家团结合作，在短时间内快速实现中国科学院院内单位采用"WebVPN"方式登录使用全院数据库资源。这意味着，无论是在家中还是在办公室，科研用户的需求都能在第一时间得到满足。为了使科学家方便了解数据库的使用，咨询服务部在李玲老师前期工作的基础上，紧急启动"中国科学院科研信息素养讲堂"，通过网络，面向用户持续开展科研数据资源培训，在院内外形成示范和引领。

截至 2020 年 8 月，文献中心已开通 66 个数字学术资源远程服务。其间，凭借众多科研用户群可快速传播科研信息的优势，中国科讯微信公众号发布文献中心相关应急举措，院内科研人员可实时了解掌握文献信息服务资讯。

服务科研不限于中国科学院内部。武汉大学人民医院的一名医生得知中国科讯微信公众号推送文献传递服务后，向文献中心发出文献求助的邮

件。这位医生希望获取的是一篇于 2020 年 2 月 19 日才在线上出版的文献，当时只有摘要内容。正在值班的党员杜文利接到委托请求后第一时间与用户联系，并迅速检索各大数据资源。30 分钟内，这位远在武汉的医生就得到了这篇文献。

5.4.2 筑起抗疫情报的"哨所"

2020 年初，武汉文献中心与这场疫情的"风暴眼"华南海鲜市场隔江相望，距武汉市启用的第一批方舱医院——洪山体育馆也不过 5 分钟车程。

在新冠肺炎疫情发生后，武汉文献中心党委迅速行动，协同领导班子成立新型冠状病毒科技进展监测和情报调研攻关组（以下简称攻关组）。攻关组以生物安全战略情报团队为基础，跨部门协作。这支队伍 11 名成员中大部分是党员。他们主动放弃春节休假，加班加点为科技管理决策和科研一线服务。

自 2020 年 1 月 22 日起，武汉文献中心承担科技部中国生物技术发展中心部署的相关任务，每天报送两次国内外关于新型冠状病毒科技进展监测信息；同天，受湖北省政府办公厅和科技厅委托，武汉文献中心每日报送国内外关于新型冠状病毒的科学研究进展、防控措施等重要动态信息，为科学决策提供有效支撑。

2020 年 1 月 30 日，武汉文献中心战略情报中心生物安全情报研究团队负责人梁慧刚承担中国科学院"新型冠状病毒应急防控"专项信息报送联系人的工作，参与搜集整理中国科学院相关科研单位的研究进展，并形成日度进展专报信息向上级报送；还同步支持中国科学院武汉病毒研究所开展新型冠状病毒研究相关科研任务，提供及时可靠的信息情报支撑（图 5-9）。

在新冠肺炎疫情防控的紧急时刻，成都文献中心第一时间启动建设"新型冠状病毒肺炎疫情防控集成信息平台"。2020 年 1 月 25 日，在成都文献中心领导班子的直接指挥下，该中心网站建设执行副主编、科技处副处长张邓锁快速推进技术开发。第二天一早，在成都文献中心官方网站正式上线发布"新型冠状病毒感染肺炎防控信息服务专题"平台 V1.0。

图 5-9 科技抗疫，情报先行。武汉文献中心为科研一线提供坚实的情报服务。图为中国科学院武汉病毒研究所诊断微生物学学科组科研人员进行实验操作。
（图片来源：中国科学院官网）

随着疫情发展，各类信息飞速增长，用户的需求也愈发多样化。成都文献中心不断完善平台，迅速迭代，在短短一个月内，正式上线发布"新型冠状病毒（2019-nCov）感染肺炎防控集成信息平台"3.0 版（图 5-10），实现了数据的多维呈现，提供了各类数据的分面展示、浏览排序、批量导出与网络分享，更加方便用户使用。该平台全面支持原文以及附件下载服务，可以满足各类用户更多的信息需求，为抗疫提供强有力的集成科技信息支撑服务。

此时，位于北京的文献中心，也以各类形式深度开展知识服务，支撑中国科学院科研人员在疫情防控、药物研制、病毒分析等方面的科技信息需求，并形成快报、研究报告、专报、政府建议等产品。如配合中国科学院抗疫攻关工作的部署，针对 15 个研究所的抗疫攻关项目，开展知识产权工作调研与访谈，形成《中国科学院疫情攻关成果知识产权分析报告及建议》，得到时任中国科学院院长白春礼、副院长张亚平和副秘书长周琪的批示。编制《抗新冠临床药物全球专利布局与研发态势分析》《2019-nCoV 冠状病毒溯源研究综述》《新型冠状病毒肺炎中西医结合治疗分析报告》以及《生物信息学相关的 COVID-19 特征和作用机理研究》等多份报告。

|| 甘当人梯　敢为人先——构建高水平科技知识服务机构之路

图 5-10　新型冠状病毒（2019-nCov）感染肺炎防控集成信息平台界面

围绕疫情对经济产业的影响、国外应对疫情的举措、国外关于新型冠状病毒的科学研究进展、疫情防控相关安全准则指南等，情报研究部在疫情发生的第一时间紧急启动应急监测分析工作，提供 3 期《国外战略动向简报之新型冠状病毒专刊》共计 150 条重要情报信息，发挥了情报强有力支撑作用，受到了国办、发改委等多个国家部委的一致好评和肯定。

此外，通过中国科讯平台，文献中心还将《"COVID-19"科研动态监测每日快报》《新型冠状病毒肺炎临床试验药物专利分析系列报告》等原创报告广泛传播，满足公众和科技界的情报需求。

5.4.3　传递正能量，点亮民众心

自疫情暴发以来，QQ 群、微信群等社交平台上充斥着大量的有关新型冠状病毒肺炎信息，但真假难辨，有些谣言甚至引发民众恐慌。

因此，为读者甄别真实有效的新型冠状病毒防控知识非常有必要。武汉文献中心学习传播中心主任刘毅带领大家积极主动策划开展抗击疫情科普知识汇编宣传工作，筛选汇编大众普遍关注的信息。从新冠病毒综合知识、疫情防控期间心理防护、返程复工，到特殊人群防护、低风险区域人群防护等等，借助多种网络社交渠道加强疫情防控知识的科普宣传，对公

众科学掌握、利用疫情防控信息与知识加以正向引导起到积极作用。在科学知识的及时传播与普及得到众多读者的认同后，他们还策划丰富的网络科普课程和活动，为不能暂时返校的青少年提供精神食粮。

中国科讯作为文献中心知识服务与科学传播的重要阵地，在抗疫的科普工作中同样发挥着重要作用。疫情防控期间，中国科讯每日发布科研动态监测每日快报内容，总阅读量突破 10 万人次。

为提高青少年与老年人的心理健康水平，文献中心"科学人讲坛"团队策划"病毒的秘密"科普讲座（图 5-11），用生动形象的语言和画面讲解冠状病毒的相关知识，为一老一少扩宽获取知识的能力和渠道，帮助他们消除疫情所带来的疑虑、恐惧。

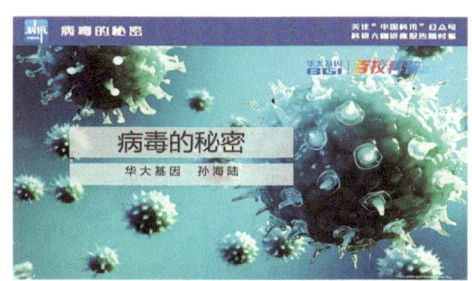

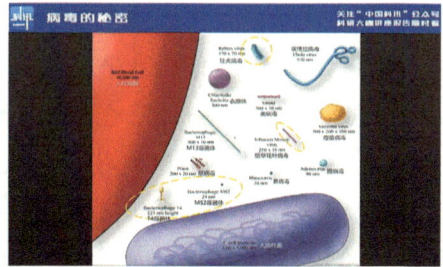

图 5-11 "病毒的秘密"科普讲座总观看量超 1.2 万人。

回顾抗击新冠肺炎疫情的艰苦斗争，文献中心作为"国家队"，从战略情报支撑、学科情报服务，到科技信息传播、科普服务，将每一项工作落到实处，用一个个细节诠释着人民至上的价值理念，一件件生动事实彰显着生命至上的使命担当。

第六部分

改革：蓄力再出发（2021年至今）

经过70年多年的拼搏奋进，文献中心已成为国内具有典型代表性和较高知名度的科技文献和科技情报研究与服务机构，在部分方向上处于国内领跑、国际并行的水平。

这是文献中心一份简略的成绩单：

在中国科学院全院科技文献数字资源保障方面，基本建成数字化、网络化、学科化、院所协同，保障率达95%的资源体系；参与建设国家科技文献资源保障平台，建立了国家数字文献资源长期保存示范体系，成为国内存储量最大的科技文献长期保存机构之一。

在分布式大数据知识资源建设方面，建成文献情报数据湖、领域知识中心、开放获取资源库、中国科学院全院机构知识库网络；构建了科技文献大数据知识图谱；推出中国科讯－"慧科研"等新应用，初步建成中国科学院人才大数据平台。

在全价值链科技情报研究服务方面，文献中心提交的战略情报获国家领导人多次批示；学科情报服务科研活动和各创新单元，嵌入中国科学院先导、STS等专项；区域产业情报服务引领全国科学院联盟文献情报网络运行。

随着国际科技竞争形势日趋严峻，中国已经把发展基础前沿科技和关键核心技术作为抢占战略制高点的重要途径。科技自立自强、创新驱动发展，在这样的战略支撑下，科技情报工作需要更加全面、系统、精准、及时地分析研判全球科技发展态势，加强"耳目、尖兵、参谋"作用，为基础研究和原始创新提升、为关键核心技术攻关和破解"卡脖子"问题提供优质的研究成果。

当前，科学研究范式正在发生深刻变革，科技创新环境的数字化、智能化特征日益显著，数据已经成为科技创新的关键战略资源，以多层次、细粒度进行知识表示、关联、推理、计算的智慧数据日益重要。科技情报愈加重视基于数据的循证分析，并以数据驱动、智慧赋能提高研究和服务的质量和效率。不同行业的跨界竞争加速颠覆传统文献情报工作范式，倒逼文献情报工作向专业型、智库型和数据化、智能化转型升级。

"十四五"时期，面对新挑战、新征程，文献中心审时度势、主动求变，明确提出了自己新的使命：以改革创新为根本动力，坚持问题导向和需求牵引，为国家和中国科学院党组的科技决策提供高质量情报支撑，为中国科学院全院研究所和全国重要创新主体的科技创新提供导航性情报服务和整体性信息保障，为国家高端学术交流和创新活力激发提供高质量互动平台。成为中国科学院党组信任、科学家倚重、支撑国家科技强国建设不可替代的高水平科技情报研究与知识服务机构。

带着新的目标和新使命，文献中心的改革之路再次铺开，创新的脚步铿锵有力！

6.1 "不改革就将被改革"

"中国科学院的文献情报事业,始终在党的领导下发展壮大。在任何关键节点,党对文献情报事业的领导都是至关重要的。"面对改革,文献中心党委书记李猛力语气坚定。

为贯彻落实党中央和习近平总书记关于坚持和加强党对科技事业的全面领导等重要讲话精神,2020年,中国科学院党组决定将文献中心作为院首批实行党委领导下的行政领导人负责制改革试点单位之一。

领导体制改革、组织架构调整、业务工作重组、治理结构探索……这是一场"开弓没有回头箭"的全面而重大改革。这次至关重要的改革,只能成功,不能失败!

6.1.1 全面推行领导体制改革

2021年1月4日,中国科学院人事局局长孙晓明到文献中心宣布中国科学院党组的任命文件,文献中心新一届领导班子正式上任。坚持和加强党对文献情报工作的全面领导,开启了文献中心作为院首批实行党委领导下的行政领导人负责制改革试点单位的新征程。

上任伊始,新一届领导班子就将推进领导体制改革作为文献中心党委的重大政治任务,按照中国科学院院长、党组书记侯建国,副院长、党组副书记阴和俊(图6-1),副院长、党组成员周琪(图6-2),党组成员、秘书长汪克强(图6-3),党组成员、副秘书长李和风(图6-4)等院领导的要求及调研文献中心的指示精神,文献中心党委统一思想,统筹谋划,积极推进,在院直属机关党委指导下,充分听取各方意见,积极探索新的治理结构,并成立了"改革专班"。

这一转变是中国科学院党组赋予文献中心的一项政治任务。必须统一思想，统筹谋划，积极推进。文献中心党委号召全体职工一定要做到勠力同心、奋楫笃行、勇于担当、敢于创新、清正廉洁、以上率下、做好表率。

图 6-1 2021 年，中国科学院副院长、党组副书记（正部长级）阴和俊（前排中）视察文献中心。

图 6-2 2021 年，中国科学院副院长、党组成员周琪（右一）视察文献中心。

甘当人梯　敢为人先——构建高水平科技知识服务机构之路

图 6-3　2021 年，中国科学院党组成员、秘书长汪克强（前排左二）到文献中心调研。

图 6-4　2022 年，中国科学院党组成员、副秘书长、直属机关党委常务副书记（兼）李和风（中）到文献中心调研。

李猛力作为文献中心党委书记，深知党的政治建设是党的根本性建设。上任初始，他带领党委努力提高党的政治建设质量，推动党的政治优势更好转化为文献中心事业科学发展的强劲动力。

提高政治站位。文献中心党委深入学习贯彻习近平新时代中国特色社会主义思想，认真贯彻落实党中央、国务院重大决策部署，第一时间传达学习中国科学院重要报告及会议精神，把准政治方向，为领导体制改革奠定扎实基础。

改革行动迅速。2021年上半年，制定完成了文献中心领导体制改革实施方案及配套文件（图6-5）。以党委会、主任办公会议事规则为切入点，明确"三重一大"等重大事项在党委会进行审议，主任办公会主要职责是执行党委会的决议，在确定范围内决策相关事宜，同时全面梳理各项规章制度，搭建适应领导体制和事业发展新特点的制度体系。图6-6所示为2021年换届后文献中心的领导班子。

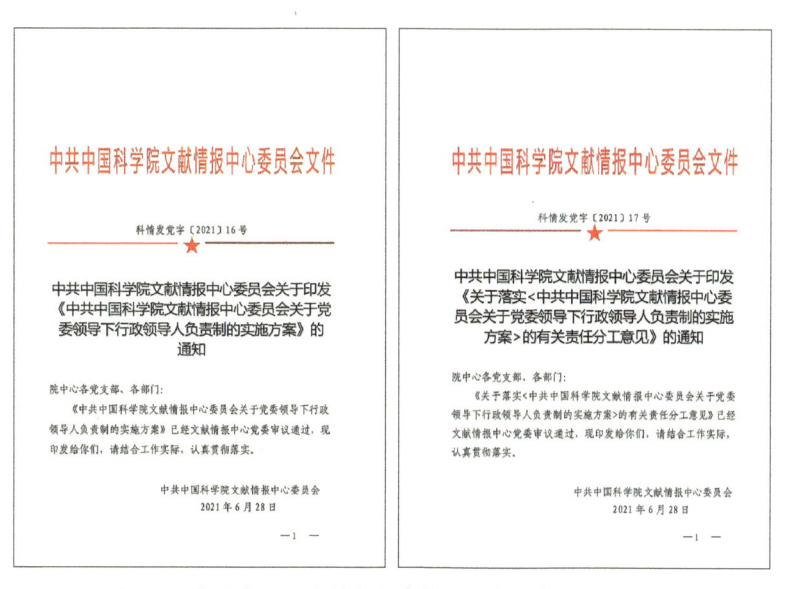

图6-5 文献中心迅速制定改革实施方案及责任分工意见。

加强组织体系建设。2021年7月，文献中心顺利完成党委、纪委换届（图6-7），体现全体党员对新班子的信任和期盼，党委领导力、决策力得到进一步加强；结合业务部门改革，对业务部门支部书记进行调整，党员部门负责人均担任了支部书记一职，促进党建和业务工作同谋划、同部署、同推进、同考核，强化支部规范化建设；将党办从综合办公室独立出来，充实相关职能，构建高素质专业化党务干部队伍；成立离退休党总

甘当人梯　敢为人先——构建高水平科技知识服务机构之路

图 6-6　2021 年换届后文献中心领导班子合影：李猛力党委书记（左四），
刘细文副书记、主任（左五），李春旺纪委书记（左三），
张智雄副主任（左六），潘亚男副主任（左二），
曲建升副主任（兼，左一），刘清副主任（兼，左七）。

支部，加强党委对离退休党员的教育管理。通过这一系列举措，文献中心党的组织建设更加坚强有力，组织体系的优势逐步体现，在推动事业发展中发挥了政治领导力、思想引领力、群众组织力的良好作用。

图 6-7　文献中心现任党委委员，从左到右依次为潘亚男、张智雄、
刘细文（副书记）、李猛力（书记）、胡伟（纪委书记）、张冬荣

注重宣传引导。文献中心党委注重加强对领导体制改革工作的宣传力度，由党委书记带头，要求党委委员在党委会、理论中心组会、党员大会、党支部会、部门主任会、职工大会等场合宣讲坚持和加强党对科技事业的全面领导的重要意义和深刻内涵，让广大职工加深对文献中心领导体制改革的认同。对体制改革方案进行宣贯，让广大职工加深认识，理解并支持改革；在内网上设置改革专栏，宣传体制改革相关内容和工作进展。

"从行政领导负责制向党委领导下行政领导人负责制的过渡，不只是主任和书记'换位'，更是体制上的调整，把'三重一大'决定权交给党委，实行党委集体领导，是少数服从多数。"李猛力说。

领导体制改革并不容易，尤其是转变观念，需要一个过程。2021年，文献中心召开了35次党委会、25次主任办公会、5次全中心主任办公会、9次党委理论中心组学习。

2021年，新的领导体制机制已基本建成，做到组织落实、干部到位、制度健全、职责明确。改革成效初步显现，得到了广大职工的真诚拥护，也得到了中国科学院领导的认可，为当好全院研究所领导体制改革的先行者、示范者发挥了表率作用。

2022年7月27日，中国科学院召开首届京区党建工作论坛暨2022年京区党建工作推进会，李猛力在会上作报告，介绍了文献中心实行党委领导下行政领导人负责制改革试点的工作情况。由于党委班子工作出色，文献中心党委荣获"党委履职尽责奖"。

6.1.2 坚持一体化，谋事布局"一盘棋"

中国科学院文献情报系统除了"总部"——中国科学院文献中心，还在武汉、成都等地设有地区中心。

集中力量办大事，更好地为国家和中国科学院党组的战略决策需求提供情报支撑，新一届领导班子加强一体化运行机制。

由文献中心主任刘细文作为负责领导，文献中心科技管理处牵头，全文献中心各职能部门参与配合，制定推进文献情报系统"一体化"建设有

甘当人梯 敢为人先——构建高水平科技知识服务机构之路

关政策举措，形成以文献中心为核心，成都文献中心、武汉文献中心及若干共建特色中心为主体，以及中国科学院所属单位图书情报部门组成的中国科学院全院文献情报体系。

"十四五"规划是文献中心未来几年实现跨越发展的关键所在。规划是"纲"，全文献中心上下统一认识，加强顶层设计和"一盘棋"部署，政策和资源向规划聚集，全力推进和保障规划落地实施。

2022年4月，文献中心党委组织召开2022年发展战略研讨会，本次战略研讨会主题定为"推进文献中心'十四五'科技创新规划组织实施"。文献中心、成都文献中心、武汉文献中心以及西北生态环境资源研究院兰州文献中心、上海营养与健康研究所上海生命科学信息中心中层以上干部、"十四五"规划任务负责人和业务骨干、特聘研究岗位人员参加会议，共商改革大计、共绘美好蓝图，再现文献系统"一盘棋"思路、重构"一体化"格局。

在文献中心"十四五"规划任务部署中，充分体现了"一体化"的思想。如武汉文献中心党委书记、主任刘清是主攻方向一——建设高质量支撑国家和院党组决策的战略情报体系的核心团队成员之一，成都文献中心党委书记曲建升是主攻方向二——建设支撑高水平科技自立自强的学科情报服务体系的主要领军人才；武汉和成都文献中心很多骨干也承担了规划中的相应任务。

改革中，文献中心发挥全中心主任办公会在情报服务、科研项目、资产财务、人事人才等业务工作上的协调作用，确保协同推进重点项目、重要报告等，对涉及全中心的重大事项须报文献中心党委审定。

"成都文献中心、武汉文献中心在文献中心的带领下，按照这种分工协同开展情报研究工作，有各自的特色服务，也有协同集成的服务。协同集成服务对象主要是院党组和院机关，系统化、建制化形成一套支撑服务保障机制和若干'拳头'产品。"这是刘清对"一体化"在业务实施方向上的解读。

"双碳"情报服务工作是坚持"一体化"和"一盘棋"布局的成果案

例。"双碳"作为一项系统性社会变革，文献中心集结所有力量开展情报工作。曲建升介绍，武汉文献中心建设了"双碳"决策驾驶舱系统，正在建设集专利平台、知识平台等检索于一体的中国科学院文献情报系统的"双碳"平台等。

此外，为了更好地实施"一体化""一盘棋"发展，文献中心还建立了完善下属事业法人单位重大事项的请示报告及报备制度；与共建特色中心加强协调与联系，可互派兼职人员；建立文献情报系统党建沟通交流机制等制度，确保"一体化""一盘棋"落到实处。

6.1.3 刀刃向内，聚焦主责主业勇开新局

2021年下半年，一场关乎文献中心未来发展的改革拉开了大幕。

一段时间以来，文献中心在文献情报服务上存在小而散和同质化的问题，各类数据多但缺乏共享共用机制，形成数据孤岛，难以聚焦主责主业，难以对中国科学院党组和科研机构提供高质量的决策服务支撑。

为改变现状，文献中心党委认为必须要以"刀刃向内"的改革勇气，顶住压力，打破原有格局，以数据驱动为牵引，重构业务架构，重组业务部门与人员配置，强化对中国科学院党组决策支撑，更加关注领域前沿，不断聚焦主责主业。

李猛力说："按照院党组及侯建国院长、周琪副院长等领导对文献中心在新时期发展所提的指示要求，面对中心职工对改革的强烈呼吁，党委经过广泛调研和审慎研究，认为只有改革才是唯一出路，'不改革就将被改革'！对此，文献中心党政班子是有强烈的危机感和紧迫感的。"

"科研范式的重大改变倒逼了这次改革，面向国家、中国科学院重大科技决策问题和高水平科技自立自强，建设数据驱动和智慧赋能的文献情报工作体系，赢得文献情报工作的新发展优势。"刘细文说。他表示，这次改革就是调整人员力量，聚焦主责主业，加强对中国科学院党组战略情报和研究所学科情报服务的支撑，并重组业务流程，建立有效运行机制，解决当前业务分散、同质化等问题，以确保文献中心"十四五"规划

甘当人梯　敢为人先——构建高水平科技知识服务机构之路

的顺利实施，建成中国科学院党组信任、科学家倚重、支撑国家科技强国建设不可替代的高水平战略情报研究与知识服务机构，真正担负起"国家责""国家事"。

干事业、抓改革，必然会触动现有利益格局，引发一些争议。由于改革涉及所有业务部门，关乎近80%的职工，为稳妥起见，文献中心党委对改革方案反复研究并确定了几条原则：确保职工不下岗；确保过渡期（两个月）待遇不降；对已从中层正职岗位下来的按正职管理。保证了改革期间"思想不乱、队伍不散、工作不断、干劲不减"。

在改革实施前，文献中心领导班子与业务部门负责人和科研管理骨干进行谈话，以求尽可能多地了解每个人的具体情况、宣贯改革的方针政策。"这次改革动作很大，不是每个人都能理解。有的人很难谈，谈了很长时间。"李猛力说。这是一次没有增量的存量改革，压力极大。2021年8月25日，召开了宣布改革方案前的最后一次，也是最为艰难的一次党委会，下午开始的党委会一直持续讨论至凌晨。"那天的会开得很沉重，我们不能失败。"李猛力回忆，那天晚上，他彻夜难眠。

2021年8月26日上午，文献中心组织召开全体职工大会，部署业务部门设置及人员调整工作。不少人早早就来到了会场，凝重的神情不觉而露，部署会现场十分安静。会上，领导班子就改革目的、意义和具体举措等作了详细的说明和解读，并提出相关要求。会后，大家积极行动、各就各位。"充分体现图情人的大局意识、担当精神，令我感动。"李猛力说。

根据业务调整目标，改革后的文献中心共设置10个业务部门（图6-8），包括数据资源部、知识系统部、情报研究部、咨询服务部、文献服务部、科学传播部、编辑出版部、计量与评价部、知识产权研究部、智能情报重点实验室（筹）。

2021年10月，距离改革启动已经一个月时间。文献中心领导班子到多个职能部门听询意见、了解困难，共同商讨解决办法。保证了改革平稳、顺利进行，绝大多数同志对改革表示理解和支持，改革的初步目标基本达到。

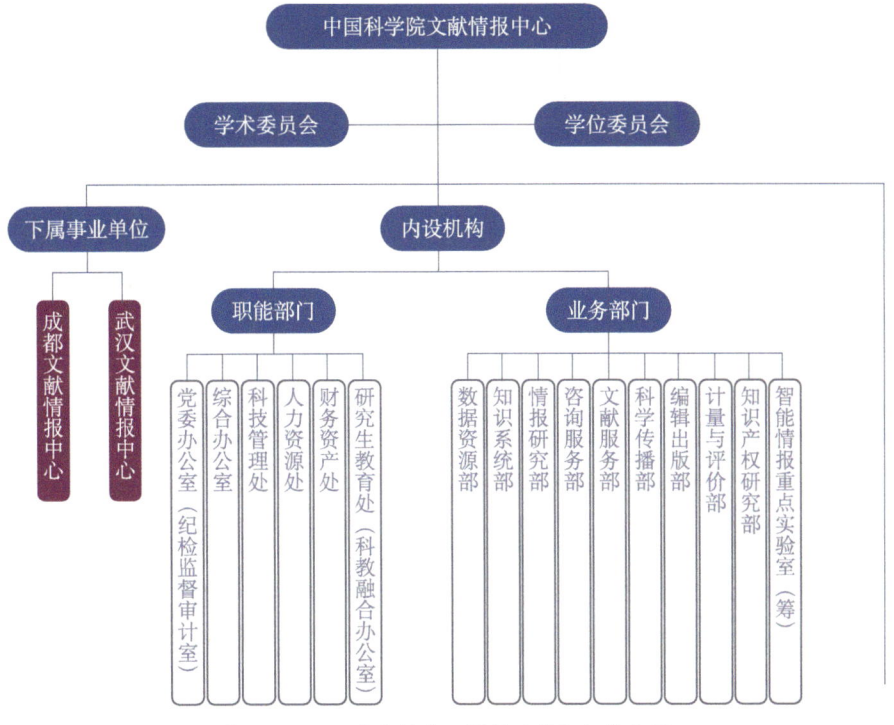

图 6-8　2021 年文献中心调整后的组织架构图。

6.1.4　成效显著，奋力踏上"十四五"新征程

"现在看来，通过一年多的适应，文献中心全面推进领导体制改革，优化业务架构调整，聚焦主责主业，夯实优势基础。改革已经全面落实、深入人心了。院领导对中心改革取得的成效也予以高度肯定。"李猛力说。

2022 年 1 月 6 日，文献中心召开了总结表彰大会。李猛力激动地说："在上级领导的指导和关怀下，在中心党委坚强领导下，在大家的支持和共同努力下，2021 年我们交出了一份满意的答卷。"

对此，他也给出了自己的评判标准。"评判一个单位发展状态，我认为可以从五个维度来评判：一是是否有重大科技产出；二是能否培养一支能打硬仗的高水平队伍并对外吸引优秀人才；三是经济指标是否明显增加；四是看职工的收入是否有所提高；五是大家精气神是否昂扬向上。我们认为，这几点中心都基本做到了！"

甘当人梯　敢为人先——构建高水平科技知识服务机构之路

实行改革以来，文献中心坚持使命定位，扛起主责、聚焦主业，高质量完成"十四五"规划编制工作。党政领导班子广泛调研、凝聚共识，明确将支撑中国科学院党组决策作为核心定位，提出"一条主线、两个驱动、三个面向、四个统筹、五个转变"的发展思路，确定决策支撑、学科咨询、知识服务、高端交流"四位一体"的主攻方向，着力创建数据驱动文献情报工作新模式。专家肯定了该规划，认为"定位准确、目标清晰、主攻方向与新兴前沿方向明确、可落实"，成功迈出了文献中心"十四五"开局第一步。

在成果方面，文献中心关于国家重点实验室体系重组、基础研究工作、领域/研究所规划、双碳、黑土粮仓、新冠病毒溯源、香山科学会议、先导专项、科技扶贫自评、科研诚信建设等咨询建议获国家领导人、中国科学院和相关部委多次批示，在中国科学院政务信息排名中名列前茅；推出《情报参考》《双碳情报动态》，瞄准中国科学院决策关注点；在中国科学院人事局的支持下，建成中国科学院人才大数据平台。

在人才方面，文献中心强化党管人才，系统设计、引育并举，开创人才工作新局面。按需引人，一人一策，成功引进多位优秀人才。加强优秀青年科技人员储备，招聘数位优秀博士，特别研究助理人数翻番。文献中心着力培养青年人才，成立中国科学院青年创新促进会文献情报小组并举办青年论坛活动，加大青年人才领域前沿研究项目支持力度。文献中心按程序选拔任用政治素养高、有一定管理能力的年轻干部，中层干部年龄得到了明显优化，学历结构得到进一步优化。

在改革过程中，文献中心党委重新修订了考核办法及岗位绩效工资制办法，突出贡献、体现公平，科学推进考核激励制度改革，职工创新干事热情高涨。

在风险挑战面前敢于担当，在创新实践中善于作为。"十四五"新征程已全面开启，文献中心围绕着使命定位、发展目标，深入推进业务架构调整，强化对中国科学院党组战略决策支撑，加强对科研单位文献情报服务，进一步推进文献情报体系一体化建设。

6.2 "三个一线"征战"十四五"

历史的指针指向了又一个"关键时间",文献中心踏上了"十四五"新的征程。

世界百年未有之大变局加速演进,科学研究范式深刻变革,科技创新处于更为复杂的发展环境并面临更为艰巨的挑战,国家强调要坚持把科技自立自强作为国家发展的战略支撑,科技情报必须发挥更大作用。

作为中国科学院乃至全国支撑科技决策与科技创新的研究型科技情报机构,文献中心扬帆再远航,《中国科学院文献情报中心"十四五"科技创新规划》(以下简称文献中心"十四五"规划)全面启动。

6.2.1 定目标:于"危"中寻"机"

站在新的历史交汇点,机遇与挑战并存。

国际科技竞争形势日趋严峻,基础前沿科技和关键核心技术成为发达国家抢占战略制高点的博弈重心和竞争焦点。科技情报工作需要更加全面、系统、精准、及时地分析研判全球科技发展态势,成为更强有力的"耳目、尖兵、参谋"。

建设新型国家科技创新体系的号角已经响起,中国科学院作为国家战略科技力量,实现科技治理现代化,需要科技情报的支撑。

信息技术的迅猛发展、数据资源的广泛聚集,科学研究正在朝着数据密集型科学发现的"第四范式"演变。这种变化加速颠覆传统文献情报工作范式,科技情报愈加重视基于数据的循证分析,并以数据驱动、智慧赋能提高研究和服务的质量和效率,以多层次、细粒度开展知识表示、关联、推理、计算的智慧数据也日益重要。

甘当人梯　敢为人先——构建高水平科技知识服务机构之路

经过 70 多年的拼搏奋进，文献中心现已成为国内具有典型代表性和较高知名度并在部分方向上处于国内领跑、国际并行水平的科技文献和科技情报研究与服务机构。

截至 2021 年底，全文献中心馆藏印本书刊约 962 万册件，古籍善本 46 万册件，网络文献库 160 余个。2021 年，中国科学院全院数字文献利用量（以下载量和检索量计）同比增长 8%，文献保障率 95% 以上；牵头建设国家级数字科技文献长期保存中心，是国内存储量最大的科技文献长期保存机构之一；领域知识中心、开放获取资源库建设持续保持国内一流水平。

2021 年文献中心重组业务架构，强化智慧数据体系建设，驱动文献情报业务新模式。截至 2021 年底，文献中心建成总规模超过 4.5 亿条的"数据湖"，拥有实体关系数据 68 亿条，数据可视化展示环境、数据治理工具和集群平台建设初见成效，多类专题数据应用于科技战略决策支撑、科技创新活动服务以及区域与产业发展支持服务。

这些工作所取得的进展，为文献中心"十四五"时期的发展打下坚实基础。

然而，在三个"一线"——国家和中国科学院党组科技决策一线、科研机构和重要创新主体科技创新一线，以及产业链供应链自主可控所要求的产业创新一线，仍存在紧迫的科技服务需求。

党和国家的科技创新需求在哪里，文献中心的服务对象就在哪里。围绕三个"一线"，文献中心将主要力量聚焦到有助于支撑科技决策、攻关关键核心技术、破解"卡脖子"难题基础研究与原始创新方面，以及科技信息高端交流平台建设方面等的数据驱动的科技情报工作。

文献中心还立下了更高目标：建立服务于科技战略决策、科技创新活动、区域与产业发展的高水平科技情报研究体系；建立基于数据驱动和智慧赋能的新一代科技知识服务系统；建立专业、多元、开放、融合的科技信息高端交流平台。

"充分体现国家意志、有效满足国家需求、代表国家最高水平。"文献中心希望用未来 5 年的时间，在行业中保持综合竞争力国内领跑地位，科技情报研究与服务的影响力进入世界前列,成为国家高水平科技智库建设的核心支撑、国家科技创新知识服务的重要平台、国家高端学术交流体系的关键组成、国家科技信息保障的中坚力量(图6-9)。

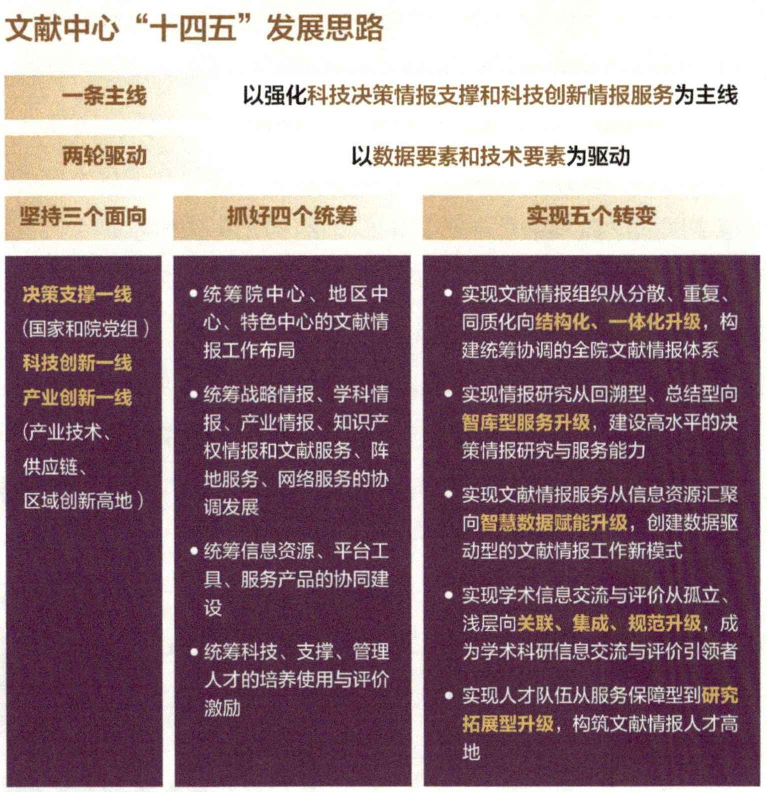

图6-9 文献中心"十四五"规划发展思路。

6.2.2 啃"硬骨头":为创新护航

指标是行动的"指挥棒"。文献中心把"十四五"发展目标拆解为"四大主攻方向",并细分出重点需要攻克的难关。

刘清参与中心"十四五"规划主攻方向一"建设高质量支撑国家和院党组决策的战略情报体系"。科技战略情报研究是追踪世界科技前沿、研判国家战略需求、支撑科技战略决策、创新科技评价制度、化解外界技术

甘当人梯　敢为人先——构建高水平科技知识服务机构之路

封锁、护航国家科技创新的有力保障。

"高质量是关键词。"刘清说，"从服务对象的反映中我们看到了过去自身情报支撑的效率和精准度不够等问题，因此，需要提高按需快速服务、高效响应、高质量服务的应变能力。"

在主攻方向一中，文献中心希望针对国家和中国科学院党组重大决策需求，提供直击决策问题解决方案——跨越学科专业领域、符合科技发展规律且具备前瞻性、战略性、专业性、综合性、务实性、精准性的终端性战略情报。包括支撑中国科学院科技规划与布局的全球科技态势战略研判、支撑中国科学院科技体制改革的新型结构化评价体系研究、支撑中国科学院党组决策的战略情报感知平台建设与应用、战略情报决策信息产品与咨询服务一体化建设等重大任务。

2016 年 6 月底，文献中心情报研究部 29 人转入新组建的战略咨询研究院。情报研究部主任王学昭表示，经过 6 年重建，情报研究部规模不断壮大，在支撑中国科学院党组和国家决策的战略情报工作中，实力与影响力与日俱增。

在中心"十四五"规划中，王学昭是主攻方向一中重大科研任务四"战略情报决策信息产品与咨询服务一体化建设"的负责人之一。她表示，文献中心领导班子多次强调情报研究要在"思想上转变"，一是要做好承担更加繁重工作的心理准备，二是要具有数据驱动思维。

"十四五"规划任务重大，每一个主攻方向又包含多个子课题，需要文献中心各业务单元与团队相互支撑、精诚协作。王学昭体会深刻："团队与团队之间的紧密协作能够成为我们开展工作的'加速器'，组织好了，成果就出来了。"

学科情报研究是支撑高水平科技自立自强的有力保障。针对科研机构及重要创新主体科技创新需求，瞄准原始创新策源和关键核心技术突破，瞄准产供链条瓶颈和知识产权保护，文献中心"十四五"规划主攻方向二定为"建设支撑高水平科技自立自强的学科情报服务体系"。

2021 年，李猛力带队到上海、江西、北京等研究院所开展"春季到所"学科服务。活动现场他特别强调，应该加强建制化学科情报服务工作。

"除了拓展业务范围和水平，还需要构建新型支撑服务模式。"曲建升说。作为主攻方向二的领军人才，他表示，过去一个学科馆员对一个研究所或多个研究所的方式，难以形成整体性的服务效果。"我相信通过努力，文献情报人员定能面向院党组和研究所及重要创新主体提供支撑保障作用。"

新一代知识服务系统是强化国家战略科技力量、维护科技数据安全、自主营建创新生态的有力保障。"建设高水平服务创新的国家级新一代知识服务系统"是文献中心"十四五"规划主攻方向三。该方向以"十三五"数字图书馆和学科化服务能力为基础，升级建设国家级新一代知识服务系统，深化细粒度智慧数据建设，加强文献数据与科研数据关联，以"数据+AI"打造智能情报工具，建设智慧数据驱动的知识服务系统，以期建成国内领先的自主可控、保障率高、数据驱动的新一代知识服务系统。

主攻方向四为"建设中国科学院国家科研论文和科技信息高端交流平台"。该主攻方向响应国家规划，建设学术论文汇聚平台、预印本平台、学术信息高端交流社区、学术信息评价体系和评价环境，促进科研成果本土化存储，化解科技文献"卡脖子"影响，保障本土科技创新，增强我国国际学术话语权。

文献中心"十四五"规划中的各主攻方向目标清晰、各有侧重，但之间并非相互孤立，而是有着一定的逻辑关联，相互支撑。文献中心副主任张智雄带领团队参与主攻方向三与方向四中的相关工作。

在他看来，文献中心"十四五"规划对知识服务系统与高端交流平台提出了新的要求。如何理解新的要求？有一条主线，即"以强化科技决策情报支撑和科技创新情报服务为主线"，实现五个转变。具体为：实现文献情报组织从分散、重复、同质化向结构化、一体化升级，构建统筹协调的全院文献情报体系；实现情报研究从回溯型、总结型向智库型服务升级，建设高水平的决策情报研究与服务能力；实现文献情报服务从信息资

| 甘当人梯　敢为人先——构建高水平科技知识服务机构之路

源汇聚向智慧数据赋能升级，创建数据驱动型的文献情报工作新模式；实现学术信息交流与评价从孤立、浅层向关联、集成、规范升级，成为学术科研信息交流与评价引领者；实现人才队伍从服务保障型到研究拓展型升级，构筑文献情报人才高地等。

张智雄表示："我们希望，将知识系统服务平台与高端交流平台之间的逻辑关系梳理清楚，在建设过程中相互支持。"

文献中心计量与评价部主任、研究员杨立英作为主攻方向四的主要参与人表示："我们的最终目标是希望形成中国特色的科研评价体系。"

从事科技评价工作多年，杨立英看到了不少来自科研人员的"抱怨"：我国的SCI评价标准跟随其他国家、评价体系局限始终未得到解决等。"我国资源管理的需求、数据资源、评价方法研究等都具有特色，我们希望是体系化，而非研究单一模型或指标的中国特色科研评价体系建设，从而推动整个科研评价链条实现良性循环。"

6.2.3　谋未来：助力科技自立自强

除了主攻方向，基于情报学发展趋势和学科交叉及跨界融合发展态势，文献中心"十四五"规划中还前瞻性地部署了3项新兴前沿方向和未来技术的研究工作。包括支撑循证决策的智慧数据体系与智能情报模型研究、支撑数字科研的可信数字学术环境构建与服务研究、支撑实验模拟的科技文献智慧数据驱动方法研究。

自成立以来，文献中心不断向科研信息服务、知识服务方向演化发展，如今处于第三阶段——建设国家科技知识服务中心。国家科技知识服务中心起源于数字图书馆，从发展面向科研的学科化服务，演化到为科技创新知识服务；工作范畴从印本信息资源建设到数字文献资源建设，发展到目前的科技信息大数据体系建设，形成支撑科技知识服务的数据基础。

"我们不断深入知识服务底层，从知识管理转为内容服务。从根本上传达的理念，就是数据治理和数字建设的发展趋势。"刘细文指出。

文献中心"十四五"的规划思路紧跟这一趋势。一方面，希望按照

"强化核心、创新体制"的发展思路，系统升级数据、技术平台和情报等能力，强化对科技创新和战略决策的知识服务支撑；另一方面，结合中国科学院文献情报系统已有优势，发挥学科情报服务和战略情报服务的双重优势，建立学科情报和战略情报的协同工作机制。

文献中心"十四五"规划已全面开启（图6-10），数字化、智慧化知识服务正对科技创新提供强有力的保障。在刘细文看来，越来越多的迹象表明，该规划提出的四大"主攻方向"是正确的。

图6-10　2022年1月24—28日，文献中心"十四五"规划落地实施研讨会召开。

为贯彻落实文献中心"十四五"规划组织，文献中心制定了实施相关举措的工作分解表。包括加强统筹协调、强化组织管理、加大经费支持、优化人力资源配置、强化考核评价机制、加强绩效激励、发挥青年人才作用、筑强党支部战斗堡垒、注重宣传引导等九条举措，细化至具体责任部门，以及2022年度具体可落地、可操作的任务。

"作为中国科技情报事业开创性的研究机构，我们担当着发展使命，作为国家战略科技力量，我们肩负发挥核心引领作用的责任。"刘细文坚信，未来，文献中心必将在国家高水平科技自立自强的战略支撑中发挥更大作用。

6.3 将党建与图情事业拧成一股绳

2020年10月，中央和国家机关工委印发《关于破解"两张皮"问题推动中央和国家机关党建和业务工作深度融合的意见》，为各级机关单位提高党建质量、建设模范机关，指明了前进方向。在实践中，各级党组织要深刻把握要求，促进"双融合"，拧成"一股绳"，为高质量发展提供有力保障。

党建与业务深融互促、同频共振，拧成"一股绳"，是事业发展的根本保证。文献中心在新一届领导班子带领下，党建与中心业务及管理等工作不断取得新突破。

6.3.1 强化政治站位，把党的政治优势更好转化为科学发展优势

上下联动，才能激活事业发展的"一盘棋"。

文献中心作为中国科学院实行党委领导下的行政领导人负责制的首批试点单位，自2021年1月新的领导班子组建以来，将领导体制改革作为重大政治任务，坚决贯彻中国科学院党组的决策部署，认真学习研究有关文件精神，统一思想、凝聚共识，积极稳妥推进各项工作。

文献中心新一届领导班子坚持和加强党对文献情报事业的全面领导。认真深入学习习近平总书记关于坚持和加强党的全面领导的重要论述精神，做到党委带头示范学、党员跟进全面学，围绕"学得深、悟得透、干得好"着力提升党员、干部的政治判断力、政治领悟力、政治执行力。

文献中心是为中国科学院党组战略决策、研究所科技创新发展提供重要支撑的知识服务机构，必须坚持和加强党对文献中心事业的全面领导，旗帜鲜明讲政治，紧跟党中央决策部署，完整、准确、全面贯彻新发展理

念，确保事业发展保持正确的政治方向，做到思想性和政治性、研究性和政策性的高度统一。

文献中心时刻牢记习近平总书记对中国科学院提出的"四个率先"和"两加快一努力"要求，深刻领会"国家事""国家责"的内涵和要求，牢记"国家队""国家人"的担当和使命。

在行动上，文献中心党委第一时间传达学习中国科学院重要报告及会议精神，及时组织学习侯建国院长系列讲话精神，坚决贯彻中国科学院党组决策部署。文献中心党委通过"三会一课"、党委委员讲党课、部门负责人带头学、专题学习及研讨会等形式，切实带领广大职工抓好贯彻落实工作，确定新时期的使命定位和发展目标。同时，文献中心党委深刻领会"定位""定标""定事""定人"的内涵要义，聚焦主业主责，走稳走好第一方阵（图6-11）。

图 6-11 文献中心召开各种形式的学习培训，确定新时期的使命定位和发展目标。

6.3.2 同频共振，推动党的领导优势更好转化为定向把关优势

"党委发挥了重要的领导、决策和保障作用。"李猛力说。

甘当人梯　敢为人先——构建高水平科技知识服务机构之路

根据中国科学院党组指示精神和重大决策部署，文献中心党委持续深入做好战略情报服务，高质量支撑国家和中国科学院党组决策，支撑国家高端智库建设。文献中心全面实施"十四五"规划，明确新时期使命定位、目标任务，进一步加强中国科学院战略文情体系建设，做好战略文情体系的顶层设计。

文献中心以数据驱动为牵引，重组业务架构、优化业务流程，对10个业务部门进行重构，全方位培养、引进、用好人才，激发职工创新活力，做好安全稳定和疫情防控工作，以弘扬科学家精神推动党史学习教育走深走实。

此外，在党委指导下，文献中心制定落实了"基础研究十条"实施方案，推进2022年重点任务；有效整合内外领先领域优势，更加主动地策划国家、中国科学院重大任务，提高项目申报质量，推动文献中心在国家及中国科学院重大项目上取得新突破。

党支部书记是党支部的领头人，是群众的主心骨。岗位重要，责任重大。在此次改革中，文献中心党委注重培养一支既精通业务又熟悉党务的支部书记队伍。

"党支部是一个重要的基层战斗堡垒。"李猛力强调，要配齐配强基层党支部书记，明确在职党支部原则上由党员部门负责人担任党支部书记。为了让党支部书记能够更好地将业务工作与党务工作"双肩挑"，文献中心加强了这两方面的培训。同时，文献中心党委坚持把党建工作与业务工作同谋划、同部署、同推动、同考核，促进两者深度整合。

2022年3月31日，文献中心举行了一次别开生面的党员突击队授旗仪式。文献中心科学传播部作为中国科学院科技成就展的支撑团队，总体负责科技成就展览的布展和相关支撑工作。为激励党员干部在项目实施中进一步发挥先锋模范带头作用，经文献中心党委研究，决定成立中国科学院科技成就展项目团队党员突击队（图6-12）。

与之前的科技成就展不同，突击队要在做好疫情防控工作的前提下，用最快的速度高质量完成展览。任务重、时间紧，文献中心副主任潘亚男带领突击队发扬连续作战的精神，统筹规划、突破各个难题。例如，围绕新要求，他们发挥创造性，提升凝练新的展览脚本，并积极与中国科学院多个研究所反复沟通，保证了展览的顺利展出。

图 6-12　中国科学院科技成就展项目团队党员突击队合影。

实践证明，突击队在工作中谋划在前、吃苦在前、冲锋在前、实干在前，高质量地完成了布展任务，受到了中国科学院副院长周琪及中国科学院传播局相关领导的高度肯定。

文献中心党委不断强化对人才的政治引领，完善组织体系建设，加强政治引领和政治吸纳。将一批政治素养较高、能力较强的年轻人调整到中层领导岗位，党员部门负责人均担任了支部书记的职务，专门召开新任中层干部培训班，重点强化政治意识、担当精神。2021年以来，文献中心、成都文献中心和武汉文献中心在11个管理部门调整了14名干部，在17个业务部门调整了32名干部。

在人才选拔过程中，文献中心坚持党管干部、党管人才，牢固树立"人才是第一资源"理念，聚焦强化国家战略科技力量主力军的使命担当，贯彻落实新时期中国科学院人才工作的总体目标要求，充分激发创新人才积极性、主动性、创造性，强化用人主体责任，不断提升队伍能力和优化队伍结构，推进学风作风建设和营造创新生态为基础，积极探索人才队伍

甘当人梯　敢为人先——构建高水平科技知识服务机构之路

体制机制改革和政策创新，以科学家精神为引领，凝聚造就国际一流的文情领域战略科学家、领军人才和高水平科技支撑团队，培养吸引具有国际竞争力的青年科技人才，为文献中心"十四五"规划目标的实现提供强有力的人力资源保障。

"必须下决心引进急需的紧缺人才，必须下大力气培养优秀青年人才。"在李猛力看来，这是人才队伍建设中最重要的工作。

文献中心出台"十四五"人才规划，并于2022年7月召开全文献中心首次人才工作会议。文献中心在深化人才发展体制机制改革上实行更加积极、开放、有效的人才培养、引进、使用、激励政策，试行"揭榜挂帅""赛马"等新举措，让想干事、能干事、干成事的业务骨干挂帅出征，让有真才实学的青年有用武之地，让各类人才的创造活力竞相迸发，支撑引领文献中心事业发展，为实现"十四五"规划提供坚强人才保证和智力支持。

为培养青年人才，文献中心举办了丰富的活动。2022年4月，中国科学院青年创新促进会文献情报小组以"数据驱动科研模式下情报学与情报工作的角色与职能"为主题，召开首期文情新思想碰撞会（As We May Think），邀请文献中心主任刘细文作"历史与未来、理想与现实"专题分享。这一活动为营造开放的交流氛围，拓宽青年的学术视野，提升青年支撑科技创新工作的活力发挥了重要作用（图6-13）。

图6-13　2022年4月，首期文情新思想碰撞会（As We May Think）举行。

2022年7月，中国科学院青年创新促进会文献情报小组赴集智学园（即人工智能知识服务社区）学习交流。这是该小组组织策划的"数智创新企业行"系列活动的第一期，是文献中心青年职工走进创新一线、拓宽视野、拓展思路的探索和尝试。该小组将继续策划企业行活动，带动青年骨干多层次学习，持续推动创新发展。

6.3.3 压实责任，推动党的制度优势更好转化为作风治理优势

强化党委党风廉政建设主体责任和纪委监督责任。领导班子、中层干部调整后，文献中心纪委组织重新签订个性化责任书。通过警示教育大会、廉政谈话等方式，加强对重点人员的监督，督促领导班子和各部门负责人带头履行"一岗双责"，把党风廉政建设和业务工作同谋划、同部署、同落实、同考核，加强对相关人员的教育和日常监管。文献中心纪委通过专题部署、制度建设、定期听取汇报、日常监督、内部审计等方式主动开展监督工作，深入贯彻落实中央八项规定精神、第十九届中央纪律检查委员会第六次全体会议精神，聚焦重点事项风险防范，一体推进不敢腐、不能腐、不想腐（图6-14）。

图6-14 2022年3月10日，文献中心召开党委理论学习中心组（扩大）会，文献中心纪委书记李春旺为大家作《习近平总书记在第十九届中央纪律检查委员会第六次全体会议讲话精神学习交流》的重点发言。

甘当人梯　敢为人先——构建高水平科技知识服务机构之路

文献中心党委认真组织学习中国科学院历年科研诚信建设工作视频会精神，传达落实中国科学院科研道德委员会发布的科研诚信提醒。制定《中国科学院文献情报中心科研不端行为的调查处理实施细则（暂行）》和《中共中国科学院文献情报中心委员会关于进一步加强科研诚信建设工作的实施细则》，成立文献中心科研道德委员会。加强科研诚信宣传教育，组织开展"严谨表述、虚心治学"学风建设专项检查等工作，邀请自然科学基金委监督委员会副主任何鸣鸿作《弘扬科学家精神，坚持负责任的科技创新》的报告。李猛力书记在新生入学教育、新职工入馆教育中进行科研诚信和学风建设教育。文献中心党委开展系列弘扬科学家精神、加强作风学风建设等活动，带领广大职工共同营造诚实守信、崇尚创新的良好氛围，为事业改革发展奠定坚实的文化基础。

下 编

访谈录

徐引篪

不忘初心，传承图情精神

导读

从北京大学毕业后，这位20世纪60年代的大学生就将自己的根扎在了中国科学院文献情报事业这片土地上。过往40余年，徐引篪如同生命一般爱文献情报事业，遇到艰难与阻碍，她带领团队不断探索解困之道；赶上机遇与顺境，她却居安思危，培养团队、储备力量。

如今虽已是古稀之年，但她依然关心着文献中心的发展。关于图情精神的传承，她希望年轻人都要不忘自己的初心。

徐引篪　原文献中心主任（馆长）、研究馆员。

问题：如果用一个词来概括文献中心的特色，您会用哪个词？

徐引篪：我认为，中国科学院文献中心最大的特色就是"敢为人先"。

我记得1964年到馆后，因为集体宿舍在西院，我看到有读者为了查阅专利文献，连夜在门口排队。那是因为中心响应党中央1956年"向科学进军"的号召而在文献收集上取得突破，收集的专利和标准文献领先国内。由于收集量越来越多，读者也越来越多，尽管把西院的礼堂开辟为专利阅览室，也不能容纳那么多读者的阅览和翻拍，于是出现了连夜排队拿号的现象。这是中心给我的第一印象——我们的专利文献是国内收藏最全、服务最好的。

甘当人梯　敢为人先——构建高水平科技知识服务机构之路

1976 年，中心与计算所合作，开始了计算机文献检索试验，是国内图书馆界最早应用计算机的单位之一；1987 年中心开始了国际联机检索服务，这是中国科学院的第一台联机检索终端，使科研人员可以通过国际联机检索迅速获得世界性的最新情报信息，意义重大，被视为中心文献情报工作改革开放的一项重大成果。

中心开拓并取得成绩的创新项目不胜枚举，无论在文献收集、文献加工、文献服务、情报检索、文献计量研究、情报研究和网络服务上，在干部培训教育和开展学术研讨研究方面，还是在进入 21 世纪以后的知识服务和大数据资源服务平台方面，无不体现出中心独树一帜、敢为人先的特色。

问题：文献中心取得一系列成就的最大原因是什么？

徐引篪：这也是我总结的第二个认识：一切工作都是要人去做的，无论是敢为人先的创新，还是默默无闻的坚守，都需要有高瞻远瞩的领导决策和甘于为科学研究者、为读者服务的文献情报人员的奉献。这是我们取得成绩的关键。

中心很多工作是在中央和院领导的指示下开展的。例如前面提到的专利文献收集，是因为 1956 年党中央发出"向科学进军"的号召时，专家们提出急需国外的情报资料（包括专利和标准），在周恩来总理的亲自指示下，"12 年科技远景规划"提出要尽快成立情报所，中心的专利室也应运而生。

又如 1977 年中国科学院发文要求中心承担情报研究任务，增拨 40 个人员编制，我们的情报工作从此得以发展和壮大。在 1978 年的中国科学院第一次图书情报工作会议上，院领导提出图书情报工作是科研工作的一部分，图书情报人员是科研队伍的一部分。这两个"一部分"的提出，极大地调动了全院图书情报人员的积极性，使得我们的工作欣欣向荣地向上发展。1985 年，中国科学院提出图书情报一体化后，将"科图"更名为中国科学院文献情报中心（中国科学院图书馆名称继续保留）。

此后，各个高校的图书馆学系也纷纷改名为图书情报系、图书信息系、信息管理系等，中国科学院又走在前面了。领导站得高，看得远，放眼全局，正确决策，为我们的工作指引了方向。

另一个重要问题是能够发挥骨干人才的作用。有些工作是自下而上推动起来的。当然领导要因势利导，为他们工作的开展创造更多的条件，提供更多的便利。譬如中心联机检索和科技查新工作，从项目提出到收集资料，与国际上知名数据库的联系，以及工作开展起来以后的不断完善等，于继铮同志发挥了极大的作用。

又如中心的研究生培养工作。当时中心人事教育处处长叶美媛和负责教育培训工作的王静珠同志为促进学位点的设立费尽了心思，付出了万倍的努力，终于得到院主管局的同意，得到专家的支持。

提到中心某方面的工作，我们马上会想到在这项工作上作出主要成绩的一些同志，榜样的力量是无穷的，他们为中心发展作出的贡献也将永远记在中心的史册上，我们也会永远记得他们。

太多了，我不一一列举了。不过，中国科学院"百人计划"引进的张晓林一定要提一下。他2001年到中心后，带领着中心在国家科学数字图书馆建设方面做出了卓越贡献，中心在为科研决策的情报研究，融入科研的学科馆员服务知识化、信息化、网络化方面，开辟了无数在国内文献情报界领先的项目，在国外也很有声誉。人才的作用绝不能忽视，张晓林功不可没。

除骨干外，群众中也蕴藏着极大的能量，只要我们时刻牢记党的教导，关心群众，服务群众，相信群众，依靠群众，就能调动他们的积极性，就能无往而不胜。

过去，传统的图书馆工作被认为是一项为他人作嫁衣的工作，但我们的同志甘之如饴，默默无闻地坚守在自己的岗位上，做着自己力所能及的工作。

"文化大革命"期间，很多图书馆都关门了，而中心外文期刊照样订购，没有中断。之所以没有中断，是由于中心同志们的坚持，在当时主管

| 甘当人梯　敢为人先——构建高水平科技知识服务机构之路

业务工作的馆领导的据理力争下，说服了"军宣队"。"军宣队"又把情况一直汇报到国务院科教领导小组组长刘西尧同志处，得到特批，保留了科图订购国外期刊的权利。

那时，除社会科学和古籍珍本封存不提供服务外，自然科学部分照常开放接待读者，有研究人员曾在"文化大革命"期间一直来回徜徉在家和科图之间。多少科研人员对我们图书馆充满了感情，植物学家汤佩松的著作出版后，他专门送了一本给阅览室的李锦芳同志，说这本书里有你和你的同事们的功劳；何泽慧院士也深情地说，图书馆（指科图）在哪里，我的家就在哪里。这都是我们中心的员工为单位赢来的荣誉。

问题：您在开展工作的过程中，遇到的最大困难是什么？

徐引篪： 我碰到的主要就是经费问题，还有就是馆舍问题。经费问题的解决跟馆舍问题的解决几乎是同步的，到 2001 年左右，这两个问题同时得到解决。

这是我做管理工作经手的两件大事，可以说是刻骨铭心的，不会忘记。这背后彰显着我们一直坚持的理念，图书馆一定要做新的事情，眼光要看得高、看得远，尽管我们是为读者服务，为科研服务，但在服务中一定要提高自己，一定要盯着最先进的东西来看。

中国科学院图书馆早期是个综合性的图书馆，收集社会科学和自然科学文献，慢慢地由于经费问题逐步缩减到以自然科学为主，主要原因不是经费越来越少，是文献涨价越来越厉害。20 世纪 50 年代的时候，大概二三十万元就可以订购 1,000 多种外文期刊，到了八九十年代，我们要花 600 多万元，才能买几百种资源，经费问题越来越突出。然后图书馆的馆舍因为资源不断增长，馆舍越来越少，因此筹措经费和馆舍的建设问题摆在了眼前，后来经过几代人一起努力，克服重重困难，看着新馆建立起来，我觉得在我当主任的时候，能够见证这个事情，还是很光荣的。

新馆于 2002 年开馆，到今年有 20 年了。我还记得当时大家进新馆的时候，每个人都做了一套新的工作服，西装、裙子、裤子等，女同志还有小领带，我们还专门请了礼仪老师来培训怎么站、怎么坐。那个时候大家真的是意气风发、激动难耐。

问题：回顾您在中心的工作经历，您有自己的方法论吗？

徐引篪：我曾经在中心的领导岗位工作了几年，作为一名共产党员，我清楚地认识到，岗位虽然改变了，但为人民服务的初衷是不变的。之所以当上领导，也不是我有多大能耐，只是工作的需要。因此，在我主持中心工作期间，把紧跟形势的发展、紧跟中国科学院的战略决策，制定中心更全面、更实际的发展方向作为班子的主要任务。因此，在工作中，注意了以下几点。

一是坚持民主集中制，提升科学决策能力。对涉及重大问题决策、重大项目安排、大额资金使用，以及干部安排等事项，严格执行集体决策。我们坚持每周一次的领导小组会，在碰头会上，党政领导汇报各自分管工作的进展，通报新的情况或问题，大家经过讨论、研究，哪怕是争论，最后达成统一意见。一旦决定，就要求班子成员绝对服从，坚决执行。

二是充分信任，明确分工，密切配合。我知道自己的能力有限，有很多工作就是要靠班子中的其他成员去挑头，去完成。因此，必须充分地信任他们，放手让他们去干。中心机制体制改革之时的创收工作以及新馆的建设工作就交由周金龙和戴利华两位同志全权负责，他们也是不负众望，交出了圆满的答卷。

正是因为班子成员都能顾全大局，维护团结，既认真履行自己分管岗位的职责，又密切配合，协同作战，才使中心的各项工作能顺利地开展，我们也才能说为中心的发展尽了力。

张晓林

我常想，我们有可能被什么颠覆

导读

用 10 年时间，从物理学跨界到图书馆学；再用近 10 年的时间，从一名高校教师成为一位图书馆馆长，张晓林的经历正如他自己所言：不懈努力的精神、心态，带来的不仅是能力的增长，也是保持年轻的秘诀。在文献中心工作的数 10 年间，适逢中国科学院文献情报系统最重要的一次体制改革：筹建中国科学院国家科学图书馆。面对巨大挑战，他带领团队一路披荆斩棘、风雨兼程，因为他深知：要么颠覆，要么被颠覆。

张晓林 原文献中心主任、研究员。中国科学院"百人计划"入选者。

问题：在您领导文献中心工作的经历中，遇到过哪些困难？

张晓林：说到工作中曾遇到的主要困难，不能不说图书馆观念和图书馆用人机制。

我在四川大学曾遇到一件事，一名读者查了卡片目录后去闭架书库借书，拿到后发现不是自己想要的，就要还回去。但值班馆员发火了，说："你把我们不当人啊，就给你反复一趟趟取书。""奇葩"的是，后来图书馆领导来了，说这位同学你要理解，他们工作也很累的，你要态度好，过两天再来还。

我在图书馆学情报学系教书时，我的学生发现图书馆不允许学生进书库找书，就提出能不能给图书馆学专业学生一个特殊待遇，让他们可以进去找书？我说：你为什么没想到给所有学生这样做？难道你们今后在图书馆工作就只是便利自己？你现在感觉的痛苦如果只变成特殊待遇，那你学图书馆学有什么用？

这里面隐藏的"图书馆意识"直到现在还存在。许多人遇到读者要求，首先告诉别人"我们图书馆是怎么做的""我们的系统就是这么做的""我们用了很高端、很先进的理论和方法的"。至于读者困不困难、麻不麻烦、需求是否得到满足，似乎不是他们的责任。

在这种意识下，工作目标、方式、考核都脱离用户需要和用户效果，它潜移默化影响的思考模式和行为习惯，是图书馆服务和队伍建设的最大挑战。好在中国科学院知识创新工程提供了有力的机制来按照新要求建设队伍。

最典型的就是建立学科馆员队伍。刚成立时，学科咨询服务部设创新岗位 19 人，而且是从其他部门置换出来的，但初次聘任时原来 4 名学科馆员只有 3 人入聘。

我们对学科馆员岗位提出新的要求，一是要懂服务对象的学科，例如服务空间中心就要懂空间科学或其紧密相关学科，另外最好要有研究经验，最好是硕士或博士。我们完全不要求是否学过图书馆学或情报学，因为我们觉得专业研究背景有利于想用户所想、急用户所急。

二是要责任到所，为用户负责。如果图书馆员仅仅是在图书馆阅览室值班，最多就是不和用户吵架，把班值完任务就算完成了。实质上，这种只是为工作上某个环节或某个规矩负责，不是对读者负责。学科馆员这种对用户负责的岗位机制，是扭转观念和习惯的根本措施，是人才队伍教育和培养的基础。如果"对用户负责"没有机制约束、没有考核绑定，无论招聘到什么人都会被落后观念污染。当然，当时以及现在的竞争性人才市场提供了很大的帮助，大量有专业研究背景的高素质人才可供聘任。

与这种岗位聘任机制匹配的是把人才推到创新一线去锻炼，让他们在自己的职业道路上更加自信、更加自觉地与时俱进。当时开展学科馆员服

甘当人梯　敢为人先——构建高水平科技知识服务机构之路

务时，部门负责人问我怎么做，我说不知道，这确实是一个新要求、新业务；另外每个研究所的情况也不一样，需要我们去探索，而且作为典型的个性化、定制化服务，不可能有"一定之规"；让学科馆员自己思考、试验、总结、优化，将成为他们能力及其持续发展的可靠基础。当然我们并没有把他们简单抛出去，而是"扶上马送一程"并且一直关心协助。

然后要形成一个不断发展的机制。每两年一"趴下"，总得给人希望吧。因此，要提前设计、提前吹风、提前培训，要让大家知道为什么这么干、知道怎么干，并且看到有支持，这样大家才愿干、能干。

所以，我们不只是说"你冲啊"，而是要跟你一起研究做什么、怎么做？当时，学科馆员可以随时找馆长，而且部门全额绩效由中心出。后来推进知识服务，馆里继续给 80% 绩效，其余的 20%，学科馆员可通过为研究所提供战略服务来争取。这样，我们提供了一些高层次服务，例如，不少研究所年度战略研讨会，就由我们的馆员与研究所馆员一起做开篇的领域发展战略趋势报告，这种服务所长就愿意支持，这代表了馆员的能力或水平。

所以，领导要设计制度，要任命干部，但更重要的是协助人家想办法，尤其是想这种机制体制性的办法。这样，人员队伍就能担重任，人才自己就会脱颖而出。

问题：您对年轻人的培养经验与建议有哪些？

张晓林：当时的情况下，不用年轻人不行，人员队伍结构调整必须用猛药，而且要"新事儿新人做"，必须有新生力量来解决创新问题。中国科学院也支持，所以我们更多的是顺势而为。

我有个观点：人才是用出来的，培养年轻人要把他们放在实际工作中。

一些传统图书馆，现在坐在阅览室服务台的，可能是个博士。如果还是老一套服务，为什么还需要个博士？我在成都工作时，曾到某高校的工具书室，接待我的是一个副主任、副研究员。我问他知不知道前一年中国的计算机产量是多少。他说:"我们哪能找到这个？你得告诉我要哪本书。"

我只好告诉他，可能是一本叫作《中国电子工业年鉴》的书。他说:"我们图书馆有吗？"那可是一所电子科技的专门大学，电子工业年鉴是必备参考工具书。我只得说:"你们应该有吧，应该就在工具书室。"最后，他找到了。

这似乎是传统图书馆的"正常状态"。即使是高级人才，但如果放在这样的环境，只是按图索骥地到书架上找你明确告诉他的那本书，和机器有什么分别。

但如果放在一个新环境、按照不同的理念，给他空间去设计组织自己的工作，鼓励他去个性化、定制化设计和组织服务，他就会主动想办法，很快成长起来。我相信，现在的年轻人没有几个真正想"躺平"，有发展压力和发展机会就会努力和成长。

所以，从某种意义上讲，人不是通过什么专门措施培养出来的，关键是你给他提供了什么样的环境、理念和发展机制。

因此，对新入职的来自科研领域的员工，刚开始他们也许对信息服务、知识服务没有概念。记得有几次跟新入职员工交流时我说，来了之后你们可能会发现来错了，这个地方不是你们想象的那种静守书斋专心读书的图书馆，你们要跟人打交道，要不停地创新，要不断证明你们的服务能让用户满意。

但这种观念改变更多的是通过他们的具体工作历练来实现的，通过与用户直接打交道，让他们感觉到真的是这样，让他们感觉到不这样不行。

而且，得有"干不好要下课"的机制。人是需要一定压力才能进步的。这本身不能说错，很多社会与技术的进步就来源于我们想懒还要懒得舒服（高效率、高舒适度地生活）。因此，要有机制引导他们通过新办法把工作做得更高效、更便捷、更令人满意。如果不解决还能"过关"，也不需要承担责任或受到处罚，那就不会努力也不会进步。

因此，得有意识地建立具有内在竞争张力的工作制度，要有实打实的

甘当人梯　敢为人先——构建高水平科技知识服务机构之路

薪酬和岗位差距甚至末位淘汰。给出路，但出路主要是发展的出路，不是落后"躺平"还很舒服的出路。例如当时的聘任机制，如果落聘了，头半年就只保留基本工资和一定岗位津贴，可以自己去寻找新的能证明自己胜任的岗位，找不到可能就得走人。

落聘当然落差很大。没有落差，就没有痛感。我们曾有一个博士落聘了，问我怎么办，我建议她到其他部门看看有无岗位能被聘用。但每个部门都有公开聘任条件和流程，都要为各自的岗位负责，所以最后也没有人聘任她。后来，她问可不可以到外面去找？我们支持，也创造了积极的条件让她最终找到了合适自己的机构和位置。

其实，这种机制可以激励人持续进步、自我实现，然后"蓦然回首"，她已经在"灯火阑珊处"。

仅依靠引进年轻人来发展队伍其实是不可持续的。人是否年轻，体现在他的理念和行为方式是否有活力。文献中心金碧辉老师，每次竞聘答辩她是唯一一个不按我们规定路数出牌的。但她知道我们不可能解聘她，因为她总是走到我们前面，不停地想新工作、新办法，作新贡献，不断证明自己能满足重要用户的新需要。所以尽管已是资深研究员，但那股不懈努力的精神、心态和能力足够年轻。

当然也有人年龄不大，但心理和行为习惯上老态龙钟，对事没有危机感、做事没有紧迫感，一遇到比较难的任务就说"太难"，一说工作能力有差距就说你得培养我。所以要不断更新队伍的理念，不断给予危机感、紧迫感、竞争压力，才可能保持思想的敏锐和进步的努力。

作为馆长，首要任务是看我们有可能被什么颠覆。图书馆界许多人吐槽我想颠覆图书馆。其实，变化始终在那儿，未来还有许多"黑天鹅""灰犀牛"，不进则退是规律。领导的任务之一就是把不进则退纳入机制体制，制定管用、有痛感的机制体制。同时，还要建立明确、诚信、精准的考核和协调规则。

我们需要对"自己的工作"建立分类精准的工作描述和考核规矩，例如你参加了一个情报研究项目，是项目负责人吗？是主要研究人员吗？是一般参与者，还是简单提供少量资料或数据整理工作的协助者？要精准描述，不要所有参加者都是"我完成的工作"。我们还设计了对情报工作性质的结构化考核维度，例如一项情报工作，是一个文件的简单翻译，还是一批文献的综合汇编总结？是对大量文献或数据进行了参数化结构化客观分析，因此能更精到更准确、更细腻地揭示特征和趋势？是在此基础上针对中国实际问题提出了独到见解？是提出了系统的解决方案体系？这些都体现出不同的工作性质和智力贡献程度。把这些作为二维结构，每个人的工作都很容易摆进去，而且汇报时部门同事都在，因此客观性就比较强，一旦证明是乱说就会被一票否决。

情报研究分析中还有一个矛盾，一方面往往有人已经做过相同相似的研究，需要大家共享；一方面大家又不愿意共享，担心被别人拿去后埋没了自己的贡献。因此我们又规定，一是凡是引用别人内容的必须给出处；二是采用别人部分内容来构成你的工作的某个实质部分，别人就应该作为合作者；三是如果采用别人的内容占相当大部分，例如四分之一或三分之一，别人应该作为主要作者之一；四是如果别人的内容成为你工作的主要部分，别人应该是第一作者。同时，课题署名、绩效分配等与之挂钩。当然，这些执行起来不容易，大家感到有点"刺刀见红"了。这可能是我们大家都没有做到自觉执行。但重要的是，有这种要求、规矩，就不会让人做法错误还理直气壮。

当然，我在职期间在引进优秀人员上做得还不好。不过，在和引进外部优秀人员相比，下大力气把内部人员培养起来更重要。现在有硕士、博士学历的员工比例很高，30—40岁年龄段也成了主力，这是非常好的基础，一定要把这些人员发展起来。

此外，整个队伍的培养和发展都很重要。如果你离退休还有5年以上，你就是年轻人。5年足够你去研究新问题、学会新本事、成就新事业。而且，这也是对员工队伍负责任的表现。通过愿景的引导、理念的引导，通过机制体制的推动，再通过细致的培养锻炼去帮助和把关，使得整个队伍具有发展的氛围、具有正能量、能协同公正公平地发展，这也许更关键。

甘当人梯　敢为人先——构建高水平科技知识服务机构之路

问题：2006年，您带领团队与一家国外出版商谈判，当时冲突激烈，甚至不只局限于资源采购，您更多是从科研环境、社会责任去看问题。这些事情对于当时的一批年轻人带来的启发非常大。您能否讲讲其中一些细节？

张晓林：可以，不过我们当时是打了败仗。那次谈判的是3年采购合同的续约，那家出版商当时特别强硬地要大幅度提价，我们当然不同意。但是当时已经到了续签合同的最后节点，他们的态势基本上就是要么你就接受，要么就中断服务。对方说完就离开了。我们被打了个措手不及，不得不接受，所以是打了败仗。

但是我们得吃一堑长一智。于是，我们分析了失败原因。首先是对某些出版商不顾公共利益、牟取私利最大化的禀性认识不足。在这种情况下，利益冲突是内在的，"打仗"是永远的。其次，为了维护公共利益和广大用户的利益，必须事先做好准备，要有底线思维（现在更讲极限思维），要思考和设计斗争策略。但我们当时已经没有时间做任何大动作了，被打了个措手不及，同时还单打独斗，被对方各个击破。此外，我们太温良恭让，认为就是个学术性质的问题，还在等双方君子一样的"正常谈判"。

因此，到2010年再次续签3年合同谈判时，我们很早就开始了解该出版商动向，知道它提出平均年度涨价18%以上，这完全超出正常市场行为，大幅度超过其他出版商，也无法为中国市场所承受。我们必须团结中国市场参与者，不仅是图书馆界、大学校长、研究所所长，还包括国内外图书馆界、科技界的同行，这也是我们的市场力量，通过强大的多方面的市场博弈来保障我们的合法利益。

我们主动联系北京大学图书馆等国内100家主要订购机构，共同发表声明，反对这种大幅度涨价，表示如果出版商坚持的话我们都停止订购。我们给所有订购高校和研究所的校长、所长发信，给国际科技界和图书馆界发布公开信，并约请多家媒体开发布会，给其他出版商发公开信，说明这个出版商的不公平市场竞争、吃相太难看，说明我国公共利益受到极大威胁，说明中国市场不会任人宰割，最后我们取得了实质性胜利。如果没有这些努力，现在的价格肯定已经涨了两三倍了。

在科技是最关键的竞争、创新驱动发展是最重要战略的形势下，科技文献保障不是简单的图书馆订购业务，不是图书馆或科研教育机构的"内部"事务，而是事关科技研究和创新发展的政治大局，事关科技能力是否被"卡脖子"、是否被掏空式割肉的问题，如果不这么认识，我们就太幼稚了，实际上就不合格了。

所以，需要讲政治、讲大局，也要敢于担责任。敢于我不下地狱谁下地狱。当时有一种可能是，万一谈不下来、真的停订了断供了怎么办？当然我们相信自己的政治力量和市场力量，也相信竞争性期刊出版市场会对我们也提供一定支撑，不过如果确实停订还是会有影响的，相关机构和负责人肯定"要担责任"。

不过，在出版商习惯于任意宰割时，这种仗总要打一次的，打总比不打好，要打就打狠打痛，让市场长记性。既然"在其位"就要"谋其政"，而任何个人或机构的得失荣辱，都是次要的。

问题：您能谈一下未来的趋势吗？

张晓林：我只能就未来需要关注的趋势提点自己的想法。具体到一个机构，得由这个机构现任领导，根据现在的环境、资源、队伍、领导风格、机制习性等来作决定并担责任。

在文献情报领域，首先要关注用户的需求是什么。例如，情报用户，尤其是战略情报用户，需要的远不止是资料，更是资料后面的分析与洞察然后结合具体环境的可能办法。时任中国科学院副院长江绵恒在考察文献中心时就说过，要从数据（data）到情报（information）到智能（intelligence）再到解决方案（solutions），以前肯定有困难，但现在有很大的优势，基于大数据、基于结构化参数化分析、基于AI，能够很快提

甘当人梯　敢为人先——构建高水平科技知识服务机构之路

炼出 information 和 intelligence，已经接近甚至达到人工水平。我个人感觉，5 年内那种基于简单资料描述的情报分析工作会消亡，因此需要思考如何比 AI 做得更深更好，我们是否知道科技决策需要的 intelligence 是什么？是否能真正找到 intelligence？

这实际上又需要考察人们满足需求的方式是什么。例如，在科技决策中，决策者是如何分析情报、利用情报的？我在上海科技大学曾接到一个来自学校领导的战略情报调研，我提了一个条件，你必须找一个资深的研究员和我们一路一起来做这个调研。

情报学关于情报的基本定义就是使用情报者的知识结构改变的部分。当决策者提出情报调研分析需求时，本质上是他不知道的，因此是不清楚的问题。如果我们拿到这个不清楚的问题表述就去做，3 个月不和提出问题者打交道，我们可能就是"糊涂官做了糊涂账"，决策者对这样提交的结果往往不满意，即使当时夸做得好，后来也往往束之高阁。因为他在此期间对问题的理解很可能变了，或者看了资料后发现了真正的或新的问题。这意味着情报研究的范式发生变化，需要强耦合、强交互、多迭代。所以我说这个研究员必须跟我们一起来讨论，每一次讨论和迭代都发现需要深化、调整、修改等，从中逐步提炼出让决策者"恍然大悟"或"豁然开朗"的内容。这才是 intelligence，然后可结合具体环境和条件等推出 solutions。当然，我们可以利用工具，例如 SciVal、InCites、CiteSpace 等，但这些远不够，也只是支持与决策者交互的工具。

其实，用户的"信息检索"也是一个交互迭代的过程，我们需要突破简单机械地"给出针对你一次性检索式的一次性结果"，而是能动态探知用户应用场景而支持用户动态探究"能解决问题的信息"。好，你可承认这是一种范式演变，但说没关系慢慢来。我们去看看市场上的同行们，包括出版商，会发现他们已经认为自己不是出版商，而是 Solution Provider and Analytical Company（解决方案提供商和分析公司）。还有类似于 AMiner 这样的服务，它们正在迅速抢占而且更有优势抢占"我们的业务"。

还有一个值得关注的趋势，就是在 E-science 下的知识基础设施发生巨大变化，information systems 变成 e-knowledge infrastructure，科技环境下的所有实体，机构、人员、项目、数据、论文、专利、合作、评价、设备、流程等等，都已经数字化网络化，都构成科研环境中的基础支持体系，也因此可以支持贯通整个科研生命周期的交叉集成组织和分析。

例如，在情报分析中，已经贯通了从项目到论文再到专利的分析，而且逐步上升到战略规划、下延到市场的综合分析，这样给予科技创新链的支持力度和水平比原来分割为数据中心、出版商、图书馆等的情形要成量级地提升。当我们的上下游和竞争对手都在努力建设这种新的信息基础设施环境时，我国怎么办？我们怎么办？这也是一个"国之大问题"。

还有，开放科学，对学术信息交流体系影响巨大，对科技创新影响巨大，我们不能只从自己的"一亩三分地"看问题，不能优柔寡断。我们难道仅仅说这是国家的事，要国家来做？我们不是"国家队"、要担"国家责"、做"国家事"吗？这不仅仅是"国家的事"，更是建立在开放科学环境下新型科技知识系统与传统图书馆模式的生存发展之间的尖锐矛盾的挑战。全球图书馆界都在积极参与，我们该怎么办？

面向未来，重要的是要有站在国家和科技创新发展角度的战略洞察力，而不是站在己方机构或某个领域、某种技术方法的角度去思考。还要有底线思维、极限思维。要避免在习惯的路上走得太远、太舒服。我经常爱引用据说是施乐公司总裁说过的话：当历史发生大转折的时候，在原来的轨道上跑得越快，最后被甩得越远。

面向未来，还要敢于去碰硬的、难的、痛的东西。我们担心颠覆性创新，但颠覆性迭代发展或破坏性创新已经是一种发展机制。淘宝牛吧，但拼多多出来几年对它形成了实质性威胁。星巴克牛啊，但瑞幸换种打法也改变了市场格局。AMiner 并非来自任何图书情报机构，但获得了情报领域的第一个全国科技进步奖二等奖。

我们只有通过主动颠覆、改造、创新才能技高一筹、领先一步，也才

甘当人梯　敢为人先——构建高水平科技知识服务机构之路

可能持续发展。我们要看形势带来的可能变化，网、云、数、算、智等的融合，更根本的是带来市场的变化，市场参与者、竞争者、主导者甚至整个市场运行机制都会发展变化，其中许多拥有更为强大的资源和更为灵活的机制，因此要从中找到或不断探索可能的竞争点或者发展空间，寻求商业模式的创新、机制体制的创新。

问题：面对市场环境中的大数据机构，文献中心的机会在哪里？

张晓林： 我对中心现状了解不够，可能更多的是提建议思考的问题。例如，从大的规律和趋势上，中心的优势在哪里，如何更好地发挥这种优势？

其中，可能应考虑如何发挥中心作为知识机构，作为公共的中立的服务机构，作为与用户深度嵌入和合作机构的优势，通过什么方式去利用这个优势来撬动资源、驱动合作和支持发展。可能不是什么都自己做，不是热门的我们也做，或者有可能"冒泡"的我们都做。可能需要更好地利用"组合""融合"的机制，通过提供基础资源与服务来激励别人来和自己组合和融合，从而使自己获得一种大局优势、集成优势、贯通优势、公共机制优势。

在这时，抓住其中的核心真正做得有竞争力，让用户（包括市场化用户）能用、真正用起来、能可靠方便用、愿意花钱来用（市场竞争力），而且要精心设计和充分发挥"公共机制"和"公共服务"的内在优势和杠杆力量，这恐怕需要大气度占位大局势，要久久为功。

黄向阳

技术铺路，让科研乘上知识服务"快车"

导读

黄向阳到任文献中心时，恰逢"十三五"开局之年。面对信息技术和大数据带来的冲击及国家创新驱动发展战略的持续推进，中国科学院开始深入实施"率先行动"计划，并对文献情报工作提出了更高要求。对此，黄向阳是如何发挥自身优势进行破题的？

黄向阳 中国科学院条件保障与财务局局长，原文献中心主任。

问题：到文献中心任职前，您曾在中国科学院计算机网络信息中心（以下简称网络中心）工作了8年，您认为这两个单位有什么样的关联？

黄向阳：我在网络中心工作的时候，文献中心就是院里支撑体系的一个标杆。文献中心的文化里有"甘当人梯"，网络中心的精神里也有"甘当人梯"。我们都属于支撑机构，有共同的特点，就是要为整个科技做支撑。所以没有"甘当人梯"的精神肯定不行。

网络中心和文献中心都在为全院的研究单元做支撑工作，网络中心的信息资源是数据，主要集中在科学数据方面，还有超级计算、网络支撑及其他一些科研活动组织、信息化组织方面的工作。文献中心的优势是对科技信息进行前瞻性和专业性的判断，所以两者有着内在的联系。

到文献中心后发现，如果把信息技术和信息服务结合起来，会有巨

甘当人梯　敢为人先——构建高水平科技知识服务机构之路

大的可拓展空间。所以半年后我们开始讨论，考虑做个提供科技信息的App，这样便自然地把网络中心和文献中心的优势连接起来了。

后来网络中心作信息化规划时，我已经到文献中心工作了。网络中心又请我回去参与规划，我还是提出将文献中心的资源和网络中心结合起来。所以，我觉得这两个单位就是信息化服务的两面，一面是做信息技术，一面是做信息服务。两者既各有侧重，又总体方向、目的一致，互相支撑。

信息技术可以理解为"铺路"，信息就相当于路上跑的"车"。所以这两个单位各有侧重、各有定位，又有天然的联系和支撑。

问题：您到文献中心后，改革的初衷是什么？在包括业务模块、人才机制等方面有哪些具体的举措？在这个过程中遇到了哪些难题，您和团队又是怎样不断突破这些难题的？

黄向阳：刚到文献中心时，实际上我花了至少半年时间来观察再谈话了解情况，看看哪些工作能做。

我们当时决定要做移动的App（中国科讯）时，一开始并没有立项。当时分了九个志愿小组，每个小组负责一部分内容，之后每隔一个月开发迭代一次，每个月都能看到新进展。在这个过程中，大家一直心潮澎湃，就觉得互联网公司能做到的我们也能做到，花了半年时间做一个新App。

很多理念都是在实践中"碰撞"出来的。我们当时就有一种要做出"好东西"的呼声，认为不能以传统的服务方式去服务科研人员。通过这个过程，我们像把脉一样，感受到脉搏跳动了，感受到了大家想做点事，想做成事儿的意愿。

其中有几件事情也推动了我们后来的业务变革。一是要移动化使用。要移动使用，就得跟期刊服务商谈判。因为他们过去的方式只支持固定IP，移动使用就意味着用户在哪儿都可以用，意味着IP限制要打开。

当时谈判团队就和资源提供者、服务商谈，跟外国服务商的高层"PK"。我们当时表态非常坚决：如果不支持移动应用，以后对他们的其他应用也不支持。后来因为移动互联网成为发展的大趋势，所以不管是 Elsevier、Wiley 还是 Springer Nature 都选择跟我们合作。

移动化信息服务和过去科学家只能在课题组获取信息服务不同。从技术、理念，到后面文献中心的服务都要转变。比如，中国科讯推出来以后，在线服务访问量飙升，成为文献中心访问量第一的信息服务，包括以前的文献搜索引擎都赶不上它的用户数。

资源配置方式改变后，整个资源组织方式也变了，也就是说，全部都是信息化的数据，就把原来张晓林馆长做的元数据的管理也囊括进来。

从最早靠人工编号、数据上架，到后来发展信息系统，所有基础元数据全部有了，我们用元数据再去做进一步的服务。组装元数据，把元数据下面的文献、文献里面的知识点、后台，全部数据化。

这种方式带来的变化是，我们的情报组织、文献组织，将来就是一个结构化的、有组织的方式。所以文献中心面临着服务方式进一步深化的问题，再到终端用户使用的时候，我们得想办法让用户喜欢用它。

后来我们又在 App 里加入了一个"科研差旅"的功能。用这种方式带来用户的增长。我们认为，一旦使用互联网手段，建立了个体之间的联系，就把学科馆员的咨询渠道和终端连接在一起了。

这个过程我们也看到一种内在的变化，它要求我们业务模式发生转变，业务组织要在过去的基础上更深化，服务方式要不断创新。

当时文献中心还每年搞一次全员竞聘，通过全员竞聘，有些工作、有些改变可能就实现了。年轻人对改革很有积极性，有想法、有干劲、想贡献。当时通过这样的调整，就把中心中层的平均年龄降到了 40 岁以下。因此，进行改革的时候，非常感谢文献中心的一批老同志。他们从岗位上退下来，不但把机会留给年轻人，还要辅佐年轻人。

因为这些变革，文献中心还创造出一些新的业务点，包括知识服务。

我们当时把 Google 作为潜在竞争对手，讨论 Google 的业务，对搜索引擎、知识服务、专利分析进行研究，包括它对知识通过语义化 AI 处理，包括结构化处理、知识累积等。试想，如果有一天 Google 把所有出

| 甘当人梯　敢为人先——构建高水平科技知识服务机构之路

版商都买了，让出版商专注于出版，出版完的内容全交给 Google，并依靠它强大的信息基础和计算能力，还有知识组织能力实现知识挖掘，那是不是很强大？

所以，我们当时把信息系统部改名知识计算中心，就是希望自己形成这种能够对知识进行加工、计算的能力。大家把这项工作作为一种战略去推进后，文献中心在大数据的处理上和在与百度的合作方面都拓展开了。

同时我们也强调推动对知识进行结构化处理，就是要对知识进行有效组织。因此，当时信息资源部购买资源时有意识地在推动资源语义化、结构化的组织。这才有了后来给华为公司做的知识组织。

服务华为公司探索成果后，我们曾经想过如果把它发展成一个方法体系，就可以服务国内很多大企业，尤其是在知识产权战略和内部知识管理方面做支撑服务。

面向战略和学科的情报分析也是这样。过去的情报分析是出报告，我们希望通过改革，把情报分析做成一些结构化的知识点，把结构化的知识点重新组织起来，推出不同类型的情报产品，实现把情报数据化、结构化，直接面向一线。所以我们当时把知识从产生、加工到组织，再到服务，打造成了一个完整的链条。

问题：您对文献中心的发展有什么寄语？

黄向阳：希望文献中心做得越来越好，把"甘当人梯、敢为人先"的精神继续发扬下去。希望文献中心能把握好未来发展的趋势和竞争的要求，调动大家的积极性，发挥好大家的干劲和热情。

刘会洲

数字资源犹如"富矿"，文献中心大有可为

导读

2017年，一纸调令将刘会洲安排在文献中心主任的工作岗位上。此前，这位成果颇丰的科学家有过数段科技管理岗位经历。履新后，他运用科学家的思维和科技管理智慧，为文献情报事业发展带来新的视角。

刘会洲 中国科学院绿色过程与工程重点实验室主任。原文献中心主任。国家杰出青年科学基金获得者，首批"万人计划"领军人才。

问题：您从事科研工作多年，从科学家的角度来看，科研工作的积累对您领导文献中心有什么启发？

刘会洲： 我到文献中心工作后，从头开始了解文献中心。当了解越深入，就越感到文献中心将来的发展前途是非常光明的，而且确确实实这几年大数据、云计算的发展，都离不开最核心的内容，就是数据。

数据是一种资源。那数据资源怎么开发？因为我所在的研究所是做矿产资源研究的，我知道如果管理不好，矿产资源就不值钱了。比如，青海省曾发现金矿，但没有及时管控，遭到乱采乱挖。本来很好的矿产资源，遭到破坏后开采量比预期减少了50%以上，这造成很大的浪费，因为有用的被挖掉后，剩下的矿就不值得开采了。

数据资源也是这样。如果我们没有很好地进行管理，没有把数据很好

甘当人梯　敢为人先——构建高水平科技知识服务机构之路

地存储、清洗，数据资源就是一个乱矿，也将无法采集。首先，数据是文献中心最基础的研究内容。所以，文献中心的工作对全院所有的研究院所而言，都起到非常重要的支撑作用。

其次，我到文献中心后，感到随着科研范式的改变，文献中心也会是科学院里非常好的一个研究机构。

科研范式的改变，实际上也是在做数据研究，或者说用数据研究的方法和手段来开展科研工作。现在包括我们运用一些数据来进行管理、来进行一些开发，使用人工智能等方式来进行科研。

比如化学、化工实验中有很多反应，通过模拟计算就可以达到过去实验取得的效果。通过大数据挖掘、数据整理，可以模拟反应过程、产品的结构设计等等。这些科研数据要进一步去挖掘、去研究。

所以我在文献中心经常说，别总说自己是支撑体系，可能将来我们就是主力了。数据的应用、挖掘，未来将成为一种科研手段。第三范式也好，第四范式也好，这个可能要让数据直接参与到应用研究当中去。所以文献中心将来的发展前途是光明的，大家要抓住发展机遇，去深入研究。

我到文献中心以后，比如杨立英带领的计量中心团队，原来是在其他部门里的，后来将这个团队独立出来，成立了一个部门。这样做的目的是什么？希望大家能够更集中精力去研究这一体系本身，研究它的方式、方法，研究怎样去应用。这个是很关键的。

将来，文献中心可能会有一些新的生长点。现在就有一些跨界合作的例子，比如钱力团队与清华大学程津培院士团队合作的化学键能数据库（iBonD）。实际上，这是一个纯化学研究，但是怎样把化学键能数据库更好地管理、储存和开发应用，将是非常重要的研究。而且，将来会给化学反应材料的设计提供非常好的基础。

我认为，这也是文献中心将来应该重点去发展的一个领域。所以，中国科学院将来要有更大的发展，文献中心就将有更多的机会。

问题：2020年初，新冠疫情暴发，文献中心在当时响应迅速、应对出色。当时，您是如何统筹安排文献中心应急工作的？经过此役，给文献中心的管理机制带来怎样的启发和经验？

刘会洲：对于新冠疫情的响应，我认为我们还是做得不错的。刚开始有这样一个突发状态的时候，我们很快组织大家围绕疫情的发展状态作出应对的整体方案。实际上，我们很多的工作是针对疫苗的开发，提供了专利情报服务的支持，比如赵亚娟的知识产权团队。一开始，可能大家也不太清楚我们到底应该怎样去做，既要服务于大众又要保护自己的知识产权，因为它毕竟还面临着国际竞争。

那么，如何在这样一个竞争环境中把握发展方向，这是我们文献中心一开始提供的服务内容，包括给中国科学院武汉病毒所、广州健康院等。现在看来，这些工作还是得到了院里的认可。

突如其来的疫情，对我们既是挑战也是机遇。我们快速响应，确实抓住了这样一个机遇，院里认为文献中心的工作还是很重要的，能够及时地给大家提供整个疫情的趋势、疫苗研发的路线，以及相关机构都是怎么做的、谁的进展最快等经验。

一开始，网络上关于疫情的信息很多，但准确度很差。如果要给决策者提供参考信息，就要提供可信的、坚实的数据分析，这是非常关键的。这些是要靠文献中心对大量数据的分析，不要被舆论所控制，一定要从自己掌握的、实实在在的数据来分析，通过分析看清趋势，给决策者、民众提供一些可靠的、值得信赖的信息。

从以前图书、文字资源到现在的数据资源，我们正处于一个大变革时期。大家要是把这个变革、这一时期抓住了，对我们也好，对文献中心也好，都会有很好的发展。

世界三大数据商现在处于垄断的地位。但我认为，大家不要只看眼前。我们现在所掌握的文献数据只是冰山一角。现在，包括我们网络数据、语言数据、视频数据，每天产生的量远远大于文献数据的量。而对于这些数据的把控，不是现在这种方式。或许你现在认为这是垄断，但我

> **甘当人梯 敢为人先**——构建高水平科技知识服务机构之路

认为,将来可能要去探讨一种新的共赢或者多赢的模式,大家才能共同发展。

问题:您对年轻人发展有什么建议?对文献中心未来的寄语是什么?

刘会洲:"世界是你们的,也是我们的,但是归根到底是你们的。"年轻人是我们的未来,每个人的成长都需要一个过程,尽早地去挑担子,可能对每个人的发展都是有好处的。另外,这对我们整体事业也是有好处的。这是我的亲身体验。

因为我们这一代人正好是一个断代。为什么说是断代?我们经历过十年"文化大革命",又经历了改革开放中十年的激烈变动。在我们这一代之前,有十几二十年科研工作经历的人不多。部分人可能因为"上山下乡"耽误了;还有改革开放以后,部分人经历出国潮、经商潮、下海潮等冲击。所以,我们这一代是"赶鸭子上架",压力很大,但也确实感到这一过程可能会更好地推动个人发展。

所以,从个人经历和体验上体会到,让年轻人及早挑担子是很重要的,是有利于发展的。

文献中心未来的发展在大家的共同努力下会越来越好。道路是曲折的,前途是光明的,一定会取得更大的成绩。

何林

发挥优势，大力弘扬科学家精神

导读

文献中心是中国科学院重要的科学传播与文化交流阵地。何林长期关注并致力于中国科学院创新文化建设和创新人才培养，系统收集、整理、研究和宣传著名科学家的科学人生和中外科技创新案例，使公众在潜移默化中领略科学家的创新风采，感受科技创新的无穷魅力。

何林 文献情报中心三级职员，原党委书记、副主任。

问题：文献中心70余年来对中国科学院科技创新提供支撑，哪些人和事令人印象深刻？

何林：科研工作离不开文献情报的支持。动物病理学家贝弗里奇在《科学研究的艺术》中对于文献在科学研究中的重要性有非常清晰的论述，说得绝对些，没有文献情报工作就没有我们今天所说的科学研究。当然，文献情报工作能够有今天的发展，最初的动力还是来自科学共同体在科研实践中的内在需求，而且这种需求随着科技事业的发展而不断发展，逐渐地就催生出了专门的文献情报工作和文献情报工作者。文献中心在70多年的发展历程中，无疑对中国科学院的科技事业作出了重要的支撑性贡献，这种贡献虽然是支撑性的，但必不可少。

若说印象深刻的人和事，一方面是在从事中国记忆项目——中国图书馆界重要人物（孟广均、辛希孟）口述史工作中进一步了解到，中国科学

甘当人梯　敢为人先——构建高水平科技知识服务机构之路

院图书馆所开展的许多工作在我们国家图书馆界（特别是专业图书馆界）都是引领性的。比如，20世纪50年代推出"科图分类法"；70年代末开始探索图书情报一体化；80年代主导完成了全国科研机构和高校图书馆馆藏信息共享的联合目录以及推动图书馆专业技术职务系列的施行等。

另一个方面，随着数字化网络化的快速发展，21世纪初我们实现了从传统图书馆到数字图书馆的转型。同时，我们的学科咨询、学科情报、战略情报等工作都有了可以说是跨越式的发展。我在力学所工作期间，第一次听说院图书馆为每个研究所配置了一位"学科馆员"，感觉很新奇。后来我到自动化所工作，一次晓林馆长带队去自动化所交流，令我对院图书馆"资源到所，服务到人"的工作理念和目标以及取得的成绩留下了极其深刻的印象。2011年第六次全院文献情报工作会议召开，会后专门安排了一天时间展示中心研发的各种文献情报工具，当时真有大开眼界之感。2012年来中心工作后，对我们在努力"嵌入科技决策""嵌入科研全过程"和"服务区域经济社会发展"等方面的不懈努力和取得的成绩自然就有了更加全面的认识。同时，通过具体的业务工作，可以非常清晰地感受到中心在全国专业图书馆界的引领地位。例如，开放获取、数字资源长期保存、学术论文预发布平台等。记得在一年一度的"开放获取推介周"大会上，晓林馆长充满睿智又饱含激情的发言，引发来自全国各地参会人员的阵阵热烈掌声。

向阳主任在中心工作时间不长，但他有所作为的强烈愿望和雷厉风行的工作作风给我留下了深刻印象。正是在他的强力推动和有效组织下，才有了"中国科讯"。我一直觉得，向阳主任之所以能够在不长的时间里提出"中国科讯"这个目标并坚定不移地推动，与他曾长期担任院网络中心主任因而对信息技术异乎寻常地敏感是密不可分的。当时几个部门的一批年轻人热火朝天地连续奋战了一年多，令人深受感动。

会洲主任是一位优秀的科学家，对文献情报工作如何有效支撑科技决策和科学研究有着深刻的体会和认识。其实早在20年前，会洲主任在过程工程所任书记时，就与静海院长（时任过程工程所所长）组织开展过一次全面系统的调研，具体内容大概包括：全国哪些行业中有过程工程问题，解决这些问题的难点或瓶颈是什么，等等。调研的目的是为制定过程工程所的发展规划提供依据，这不就是我们常说的战略情报吗？

正是因为中心有着长期积累的工作基础，2020年，在院规划局的组织推动下，中心连续多次向院党组做国际若干重要学科领域的战略动态扫描汇报，得到院党组的认可，这是非常了不起的。在2021年的院工作会议上，侯建国院长在工作报告中明确提出，强化文献情报中心对智库建设的支撑保障作用，这是对中心经过长期努力所形成的业务能力的充分肯定，也是对我们今后工作提出的更高要求。

问题：文献中心在开展高质量的科学文化传播工作方面有哪些可借鉴的经验？

何林：图书馆作为人类文化记忆的保存和传承机构，本身就肩负着文化传播的重要社会职能。早在2003年，中心就成立了科学文化传播中心，多年来一直在积极探索，努力实践，特别是作为原北京分院创新文化广场的重要支撑单位，发挥了很大作用。另外，中心藏有大量古今中外科技期刊、图书，其中记载着人类科技发展的历程，保存着不同时期人类科技思想的精华，是一座挖不完的宝库。

我们图书馆人应当不仅仅满足于做这座宝库的守护者，也应当通过我们的努力，将宝库中的珍品以公众易于接受的方式呈现出来，不断为公众提供精美的精神食粮。这是一项非常有意义的工作，也是一项很有挑战性的工作，一方面需要我们能够静下心来认真地学习、思考、提炼、加工和整理；另一方面需要我们具有创新意识，勇于探索，积极实践。

现在，中国科学院科技创新成果的固定展示场所就设在我们这里，我们还承担中国科学院学部局"院士文库"的建设，经过十年积累，已经形成了关于院士群体学术成就和学术风范的重要资料库，再加上丰富的馆藏资源以及与院档案馆的紧密联系，使得文献中心在科学文化传播方面具有了无可比拟的独特优势。

甘当人梯　敢为人先——构建高水平科技知识服务机构之路

在 2020 年 9 月 11 日的科学家座谈会上,习近平总书记指出,"科学成就离不开精神支撑",要求科技界大力弘扬科学家精神。贯彻落实习近平总书记的这一重要指示精神,最终应体现在广大科技工作者的创新实践中,但同样不可或缺的是,要在科技工作者特别是年轻科技工作者中加强对科研价值观、治学方法、科研作风等方面的宣传教育,为科技工作者增添强大的精神动力。但这个目标绝非有了主观愿望就能实现。宣传教育要能够引起科技工作者的思考进而引发共鸣,要能够做到润物无声,收到入脑入心的效果。要做到这些,必须苦练内功,培育形成扎实的专业本领,对我们而言这也是一种挑战。

问题:70 余年来,文献中心形成的文化和精神是如何传承的?

何林:"甘当人梯、敢为人先"8 个字是对文献中心精神的最好体现。

"甘当人梯"是我们的职业特点决定的。科研人员在攀登世界科技高峰的征途上得到了我们在文献情报方面的有力支撑,这就是我们的价值所在。我们要有一颗以服务为本的心,要以为科研人员提供优质服务、让科研人员感到满意为我们的追求目标。工作中我们经常会遇到这样的情况,一篇文献,科研人员通过各种途径都未能找到,后来把需求提交给我们,我们不到一天就把文章发给了他。科研人员连声感叹,"还是你们专业!"

"敢为人先"则主要指除了传统的、大众熟知的文献保障工作外,我们已经培育出了一种情报研究和服务的能力,且这种能力在科研需求的刺激下还在不断发展进步。在这一方面,我们除了要"甘当人梯",还要"敢为人先",因为要提供有价值的情报产品,必须有创新性的工作、创造性的劳动,需要不断开拓,不断探索新的可能。钱老(钱学森)在 20 世纪 80 年代就指出,大量的信息资料不是情报。要形成有价值、有针对性的情报,必须在掌握大量信息资料的前提下对其进行"活化""激活"。而对这种"活化""激活"过程展开的相关规律的研究,也是一门科学技术。

最近 10 多年,文献中心新员工中有很大比例是学自然科学的,这样我们就拥有了文献情报和自然科学密切融合的优势,这对于开展一流的科技情报研究和文献信息服务是非常重要的。当然，学自然科学的同志应加强对文献情报相关理论和技能的学习，文献情报专业出身的同志也应不断丰富对自然科学的认识。在这方面，老一辈图情人为我们树立了学习的榜样——当年白国应先生等如果不是对自然科学各学科及其分支学科的相互逻辑关系作了深入细致的研究，是不可能推出"科图法"的。

问题：您对文献中心未来发展有何期待？

何林："征途漫漫，惟有奋斗。"这是习近平主席在2021年新年贺词中的一句话。今天，我们国家已经全面建成小康社会，正在向着社会主义现代化的宏伟目标继续前进。十九届五中全会提出坚持创新在我国现代化建设全局中的核心地位，把科技自立自强作为国家发展的战略支撑。文献情报中心作为中国科学院这支国家战略科技力量主力军当中不可或缺的组成部分，使命光荣，责任重大。相信在新一届班子的带领下，在中心全体职工的共同努力下，我们一定会在科教兴国和创新驱动发展的征途上不断续写中心发展的新篇章，创造新辉煌！

李猛力
唯有改革是不断前行的动力

导读

文献中心机制体制改革，是中国科学院落实党中央国务院和习近平总书记关于深化科技体制改革的具体举措，也是中国科学院实施"率先行动"计划和全面深化改革的突破口之一。在李猛力的带领下，文献中心的领导班子在改革中克服困难，不断前行。

李猛力 文献中心党委书记。

问题：院属单位领导体制改革是中国科学院党组落实党中央关于全面加强党对科技事业领导的一项重要举措。文献中心作为中国科学院首批改革试点单位承担着重要任务。您如何理解此次改革对文献中心发展的意义与影响？

李猛力：中国科学院文献情报事业一直在党的领导下发展、壮大。自新中国成立以来，党和国家关于科技发展方向的重大决策，都对文献中心的发展起到至关重要的作用。

比如，1950年，中国科学院图书管理处成立；1951年，中国科学院图书馆成立；1956年，在"向科学进军"的号召下，中央批准中国科学院可向国外购买图书，并且拨发专款，逐渐满足科学家的工作需求，文献情报事业发展获得大力支持。

1956年9月，中央宣传部原科学处处长于光远同志在中国共产党第八次全国代表大会上发言，专门谈到中国的科技要赶上世界先进水平，"图书馆工作、资料工作、科学情报工作、计量标准工作等等，首先就要接近和赶上世界先进水平"。

1985 年，中国科学院党组决定在中国科学院图书馆基础上成立文献情报中心，这为后来我国文献情报一体化的发展奠定基础。

如今，我们再次启动改革，这是中国科学院为了贯彻落实习近平总书记和党中央的要求，首批选定 4 个试点单位实行党委领导下的行政领导人负责制。文献中心正是其中之一。

党委领导下的行政领导人负责制实行的是民主集中制，是党委集体领导。这样的体制能够更好贯彻党中央及院党组的决策部署。

党的十九届五中全会对情报、数据、高端智库建设、高端学术交流平台建设都有新的要求。在"十四五"开局之年，院党组把文献中心作为首批试点单位，体现对文献中心在新时期更高的期望。

院党组希望文献中心能够凝心聚力，发挥情报组织的重要作用，面向院党组需求提供高质量的、有预见性的科技战略情报。希望我们在服务科研时避免出现小而散、重复建设的问题，聚焦主责主业，改变各自为政的局面，产出大成果。

同时，我们所处的科技环境已发生了巨大变化。科研范式的重大变化对情报、数据挖掘提出了更高的要求。如果我们还跟不上形势发展，就会被淘汰。

问题：一年多来，文献中心党委是如何谋划和推动党委领导下的行政领导人负责制改革的？党委是如何发挥"把方向""管大局""作决策""促改革"及"保落实"等作用的？

李猛力：为了更好地落实党委领导下的行政领导人负责制，首先，文献中心党委健全了制度。文献中心行政领导负责制向党委领导下的行政领导人负责制过渡，不是简单的书记与主任的换位问题，它是体制上的重大调整。

甘当人梯　敢为人先——构建高水平科技知识服务机构之路

在行政领导负责制体制下，重大决策在主任办公会作出，主任有最后决策权。党委领导下的行政领导人负责制的决策方式就不一样，涉及"三重一大"重大事项在党委会决策，采取民主集中制，少数服从多数，书记最后表态。如果大多数人不同意，决策就不能做。同时，党委要支持行政负责人依法依规履行职责。

我们首先制定了党委会和主任办公会议事规则，明确了什么事在党委会上议，什么事在主任办公会上议；明确了"三重一大"，重大事件在党委会直接决策；主任办公会的首要职责是贯彻落实党委会的决定。

我们用了一年多时间将所有政策进行梳理，凡是与现行领导体制改革不匹配的，都会重新修改、调整。

第二个是组织建设。组织建设的重点之一是党支部的组织建设。过去，党支部工作很多都是年轻党员兼职做。现在，我们要求支部书记必须是该部门的党员主任兼任。这样才能够使党委的工作同部署、同落实。

同时，我们还单独设立了党委办公室（即党办）并明确其工作职能。过去，文献中心没有独立的党办，在新的领导体制下肯定是不行的。所以，党办独立设置，配备专职人员，将党建、宣传、群团及离退休人员管理等职能规整在该部门里。另外，我们还设置了纪监审室，挂在党办。

还有，我们加强了对党建工作的宣传。比如，在中心召开的各种会议上，"三会一课"、大会小会上都在反复阐述，同时在文献中心网站有专栏介绍领导体制改革，相关新闻也很多。用多种形式让领导体制改革的理念潜移默化，逐渐深入人心。经过这段时间改革，大家对党建工作逐渐有了新的认识。

面对中心业务的短板，从2021年开始，我们下了很大的决心，对业务部门进行重组，涉及五分之四的职工，人数超过240人。这样做的目的就是，以数据为牵引重新组织中心业务架构及流程体系。在此过程中，成立了数据资源部，该部门主要负责中心数据治理、数据管理等非常重要的工作。

中心其他业务部门，我们要求大家要聚焦主责主业。比如，调整后情报研究部的主责主业就是聚焦院党组决策；咨询服务部现在聚焦学科建设与为研究所提供服务；知识产权服务业务抽出来成立了知识产权研究部。此外，我们还把分散在各处的科学传播职能进行整合，专门成立了一个科学传播部。

由于改革涉及所有业务部门80%以上的职工，推进难度很大。决定最终方案的那天，是我这么多次主持党委会中感到进行得最为艰苦的一次，我们从下午一直讨论到第二天凌晨，最后下定决心把工作推下去。为稳妥起见，党委对改革方案反复研究并确定了几条原则：确保职工不下岗；确保过渡期（两个月）待遇不降；对已从中层正职岗位下来的继续按正职管理。

等中心业务调整完成后，我们立即着手对考核及分配机制进行改革。这是确保多干多得、正向激励的必然措施。为了确保改革顺利进行，党委专门设置了相应的督办机制。

我们还将一批优秀的年轻干部提拔到管理岗位、业务岗位上。最近一轮调整中一共涉及12个部门，把一批支持改革、能力强、有群众基础、有发展潜力的人选拔了上来。

问题：请您介绍一下改革所取得的阶段性成效。

李猛力：通过这一年多的改革，我认为至少在出成果、出人才等方面已取得了长足的进步。通过改革聚焦主责主业，我们向院党组提交了能够体现前瞻性思考的报告，支撑中国科学院国家重点实验室重组及相关专项工作，这些工作得到了院领导的高度肯定。

对于研究所的服务，我们也做了不少。例如包括我在内的中心领导会带队到全国各所开展"春季到所服务"等。

在人才培养方面，中心将原来分散在各部门手中的编制使用权全部收回到党委，一共收回了几十个空编制。利用这些编制，我们将向中心业务的重点领域、"十四五"前沿领域等进行优化配置。

现在，中心招聘业务部门人员一般应具有博士学位。这样做一方面提

甘当人梯　敢为人先——构建高水平科技知识服务机构之路

高了中心的进人门槛；另一方面，我们能够和服务的科研人员对得上话。此外，中心还针对急需紧缺的人才，采取"一人一策"方式进行引进，通过相对灵活的引才政策，这一年来我们引进了好几位高端人才，人才引进工作取得了突破。

问题：在促进党建工作和科技创新深度融合方面，党支部如何发挥作用？党建创新如何与人才队伍建设、创新文化建设紧密结合？

李猛力：党委高度重视发挥党支部战斗堡垒的作用，我们要求部门负责人是党员的须担任党支部书记。如果部门负责人工作太忙，中心就为他配置一位副书记，对于重点培养的人才可以让他在党支部书记或副书记的岗位上进行锻炼。

再有，党委要求支部在学习贯彻中央文件和院党组要求时，不能"空对空"，不能流于形式，支部工作要和业务功能积极融合，当然，也反对将支部会开成业务研讨会。

下一步，我们将在人才培养方面作一些改革尝试，比如试行"揭榜挂帅"等方式。揭榜的方式不是要大家去争取完成多少份研究报告，这不是数量的问题，而是需要大家在理论方法、学科建设特别是图书情报理论方面有所突破与创新，以此来推动中心从传统图书馆到数据图书馆再到智慧图书馆的转型发展。

针对以上改革，我们将设立几个难度较大的项目，鼓励年轻人"揭榜挂帅"，勇挑重担，迎接挑战。只有这样，才有利于人才的脱颖而出，更有利于在理论方法、学科建设等方面形成突破。

中心党委已制定了推进"十四五"规划落地实施9条意见，核心内容是将资源向承担任务的部门和人才倾斜。比如，对承担"十四五"规划任务项目的人员，中心将在薪酬待遇、岗位晋升等方面予以倾斜。

今年7月，中心人才工作会议召开。这次会议是全中心首次举行专门的人才工作会议，具有里程碑意义。我们在会上分析了人才工作面临的机遇和挑战，提出未来人才工作的主要考虑。

通过这次会议，我们在全中心统一了认识：要进一步加强党对人才工作的领导，强化人才工作的责任担当，加大对人才工作的资源投入，大力引进急需紧缺人才，加大对青年人才的培养，推进数据馆员和学科馆员建设，实施分类考核评价，强化研究生思政教育和加强学科建设，大力弘扬科学家精神。当前，在人才工作中最重要的是做到两个"必须"，必须下决心引进急需紧缺人才，必须下大力气培养优秀青年人才。

问题：您如何看待文献中心70余年来对中国科学院科研创新及科研人员的支撑？文献中心形成了怎样一种文化和精神？

李猛力："甘当人梯、敢为人先。"文献中心所做的工作是科技支撑，因此，甘当人梯是第一位的；敢为人先，体现在我们自身的科研创新中，我们要想办法比别人做得更好。多年来，文献中心能做到业界多个第一，也正是因为有这种精神。

问题：您对文献中心未来发展有怎样的期待？

李猛力：第一，真正成为院党组信任、科学家倚重的文献情报机构，要成为具有世界水平的、不可或缺的情报和支撑服务机构。这是我们的目标。

第二，我希望，真正能够引进一些优秀人才；还有，通过相关人才举措，我们现有的青年人才能够快速成长起来。

刘细文

对世界的"好奇心",对"文情"的事业心

导读

从大学主修科技情报专业到研究生毕业留在文献中心工作,刘细文和文献情报工作的情缘历久弥深。1989年以来,他经历了文献中心最近比较大的两次变革,对中心业务和历程了如指掌。作为一个"山里"的孩子,童心未泯时他就对山外的世界充满好奇,正是这份好奇心,驱使他一直保持"向外望"的习惯,并不断探索文献情报事业的发展方向。

刘细文 文献中心主任、党委副书记、研究员。

问题:您硕士研究生毕业后留在文献中心工作,对文献中心的业务和发展非常熟悉,请介绍一下这方面的情况。

刘细文:我对情报工作的理解是个逐步形成、逐渐加深认识的过程。我1983年在武汉大学图书情报学院读科技情报专业,这是个在大学里新设立(1978年设立)的小专业。我选择这个专业时,对科技情报的理解就是翻译、传递国外的科技进展信息。因为科技情报学属于信息管理,主要用计算机技术来处理和传递科技信息,因此,我们专业课有很多计算机方面的内容,课程设置也和学校计算机系相同(当然,掌握知识的程度和要求要浅得多)。从某种意义上说,利用计算机处理信息就是学术信息或科技信息交流的一种手段。这和现在信息化、数字化的发展大趋

势一致。

1987年到文献中心攻读硕士研究生,是中心自主招生的第一届硕士研究生;1989年留在文献中心工作,当时我所了解的文献中心的业务布局和发展状态是"一体两翼,一强一弱"。强的是图书馆工作,弱的是情报工作。后来,随着时代发展,这种情况发生了一些变化。但是,一强一弱的"一体两翼",总是"飞不高"。真正的变化是从2002年实施的中国科学院知识创新工程开始,情报研究和数字图书馆建设越来越强。到2006年数字图书馆建设完成时,情报功能也开始加强。

在文献中心学习时,继续攻读的是科技情报专业,而且是享受"三个老师带一个学生"的豪华导师团队,导师有1950年美国西蒙斯图书情报学院毕业的参考咨询专家彭湘源,当时中心学科情报部主任夏文正和中国科学院物理所图书情报室主任刘再力,还在物理所等离子物理研究组实习。得益于"豪华导师团队"的指导,我在研究生学习期间横跨了图书馆参考咨询服务、学科情报研究、物理学领域情报服务三个领域。

研究生毕业后留在中心情报部工作,第一项任务就是编辑《高技术报导》(后更名《高科技与产业化》)。《高技术报导》的定位是编译报道,每天的工作是阅览外文文献、期刊论文,把有价值的研究性文章编译出来。科技信息报道是情报研究与服务的开端。1983年中国科学院提出加强情报工作,建了13个情报网,涉及13个学科领域(如数学、物理、生物、光学等),主要工作是跟踪情报、编辑出版学术文摘。刚开始是纸本,后来做电子版、数字版,接着形成了科学文献数据库,再后来发展成全文库、引文库,一路走到现在的中国科学引文数据库(CSCD)。

我刚开始参加工作时,文献中心的情报工作分综合情报部和学科情报部。综合情报部关注管理、政策方面,包括科研管理和科学政策,如对科技园区、开发区科技管理、科研经费、科技政策的研究;学科情报部针对院里的重大项目作国内外情报调研和领域调研。

我喜欢情报服务工作。总体来说,情报工作是个开放的、生机勃勃的新事物,做情报工作需要"向外看、向前看"。

甘当人梯　敢为人先——构建高水平科技知识服务机构之路

问题：请介绍一下文献中心数字图书馆建设的大致脉络。

刘细文：我生长在一个偏僻的山村，那里前后左右都是山。我们要站在山顶才能看见远处有汽车驶过。1983年上大学前，我们家里还没通电，没有电灯。我从小对外面的世界、对新的事物充满好奇，后来从事文献情报工作，也是对外面的世界充满好奇。

20世纪90年代初，情报工作有两个发展方向，一是对上的决策情报，二是面向市场发展提供信息咨询服务。在那个年代，面向市场的信息咨询服务很火，中心当时也成立了信息咨询部，还引进了一些有专业背景的高端人才。

我喜欢"向外看"，当时比较关注情报决策环境。1995年到1996年，我意识到要加强情报研究，去跟基金委讨论申请一些科技政策的情报调研课题，中间承担和组织了一些科技绩效评价和学科领域布局战略的情报研究课题，并逐渐将兴趣转向战略情报。2000年前后的一段时间，我还被借调到中财办专注于网络战略信息的采集和报送工作。

1994年，美国国会图书馆出台一项国家数字图书馆计划，我们在《高技术报导》里还专门报道了这件事。此后数字图书馆建设在国内学界和业界逐步开始得到重视。

1996年，清华大学、北京大学和中国科学院合作构建中关村网络，第一件事就是建设电子图书馆。文献中心也首次向国际图书馆界展示中国的电子图书馆进展。紧接着互联网兴起，信息技术不断发展和提升、数字化信息越来越丰富，数字化图书馆也开始慢慢转向数字化信息本身，开始数字内容建设。

1998年，中国科学院开始启动知识创新工程，2000年至2001年，中心策划制定了图书馆数字化建设方案。当时我在中财办工作借调，学习了中心的图书馆数字化建设和改革方案后觉得方向是对的，但数字图书馆建设的目标还不十分突出。

2002年我担任中心业务处处长，承担中心改革方案落实的任务，我自己的一个深刻认识是文献中心需要加强战略情报研究和快速推进计算机技术应用（推进实施数字化转型）。担任业务处处长之前，我担任情报研究部副主任。有人问我：在情报部工作不好吗，为啥跑到业务处？我说，离开情报部是为了加强情报工作，是从文献中心战略规划上加强、倡导情报研究。因此，借新馆建设之机，我们下定决心给中心每人配台电脑，一定要加强计算机应用，让所有人员都学会和使用计算机，便捷接入和浏览互联网，关注最新的信息和情况。

后来张晓林馆长主持数字图书馆建设，逐步形成学科服务体系、战略情报服务体系。数字图书馆建设涉及很多内容，数字资源、数字服务等，为加强数字图书馆服务，我们又积极推动和创造了学科服务，推动学科馆员深入研究所。这个时期，业务处主要发挥了战略规划和推进实施的作用。

2006年，我们开始进行国科图（筹）整合，实际上这也是数字图书馆建设推广"以数字资源为中心"发展模式带来的必然结果，集中采购资源，集中建设数字图书馆，分散提供服务。这种格局一直延续到现在。

2008年，我们开始提出和倡导"知识服务"理念，开始在实际工作和行业中推动知识服务。从2008年开始，连续10年以"知识服务"为主题，组织召开中国图书馆学会专业图书馆分会年会，不断推广知识服务，深化知识服务的内涵。2012年，中国科学院第六次图书情报工作会议明确提出要发展知识服务，它涵盖战略情报服务、研究所学科服务、图书馆信息服务。

我们从2006年开始进行学科馆员建设，进一步拓展战略情报研究工作。2012年，我们开始面向区域发展开展文献情报服务，逐渐形成了"面向三个一线"的文献情报服务模式，即面向战略决策一线，面向研究所科技创新一线，面向区域社会经济发展一线。

问题："十四五"时期文献中心在数字建设方面有何战略侧重？

刘细文：从2001年开始，我在业务处参与中心规划和发展战略研究，实际上是在从事文献情报领域的战略情报研究，组织参与了中心"九五""十五"计划、"十一五""十二五"规划制订。同时，我们的工作也带动了国家科技图书文献中心建设。从"九五""十五"到"十二五"，国家科技文献平台的规划是我中心主要承担的。"十三五"期间，中国科学院推动图书馆、院史馆、科学文化传播的整合建设，实际上是数字化发展的必然结果。

数字图书馆建设过程中，自动化系统是解决物流问题，数字化则是解决信息的流动问题。信息流通顺畅后，下一步要解决的问题是对内容的深度挖掘，解决对决策的支撑服务问题。这才是图书馆服务、信息分析、战略情报研究工作演变的基本脉络。

"十四五"阶段，无论是加强战略情报体系建设还是关注高端学术交流平台建设，本质上都是情报和信息的交流传递效率与效果问题。所以，在我们规划任务中包含的四个重点方向（一是战略情报，二是学科情报，三是科技知识服务支持服务系统，四是高端学术交流平台），就是按照这个逻辑延续的。

战略情报方面很多理念和方法都是一直在随着信息技术的进步而变化的。原来我们做情报研究工作的时候，主要把国外的一些战略动态翻译或编译过来，传递出去，实际上这只是信息传递和交流。战略情报和决策服务支撑是要看到别人怎么想，怎么做，做了些什么，还会做什么，同时你得告诉决策领导，我们应该怎么做。这实际就是要发挥智库研究和解决方案的作用，也就是战略情报支撑。

我们从印本时代到数字时代，把数字化的学术信息收集保存并使用，进行信息素养培训和推广，包括怎么用信息分析工具去挖掘需要的学术信息；通过学科服务，提供学科发展方向和评价；后数字图书馆时代，将原来对信息载体的管理，转移到对数字化内容的管理，即对学术信息内容的深度组织。实现这些转变，我们要有一整套的"底层支持"（技术支撑），要建设数据库、信息服务平台、信息分析平台、高端交流平台等，同时我们还要有信息管理流程、信息评价方法、信息分析模型、情报服务规范。

但现在，我们需要把这些事情统合起来，这种统合的基本理念就是数据治理、数字建设。

问题：您对文献中心或者对年轻人有什么期待？

刘细文：文献中心作为中国科技情报事业的开创性机构之一，实际上承担着继承和发展文献情报服务的使命；作为国家的战略科技力量，文献中心应该继续发挥这种引领作用。

希望年轻人能把握大势，基于数智时代的背景谋求发展。我的经验是要去关注、思考新事物，以发展的眼光"向前看"才能走对方向。最后还要加强学习，很多时候，发展受阻是由于我们基础功力不够，对本领域的基本理论、基本原理和方法缺乏深度理解，所以很难思考真正的创新性问题。

刘清

武汉文献中心"双提升计划"大幕拉开

导读

作为文献中心战略情报研究工作负责人、文献中心"十四五"规划主攻方向一中重大科研任务——"支撑院科技规划与布局的全球科技态势战略研判"的负责人之一,刘清对文献中心"十四五"规划有准确的把握和理解。他同时对武汉文献中心的优势、短板和定位有清晰的认识,并基于武汉文献中心在文献中心的定位,主持并推动武汉文献中心实施"双提升计划"(能力提升计划和影响力提升计划)。

刘清 文献中心副主任(兼),武汉文献中心党委书记、主任。

问题:支撑院科技规划与布局的全球科技态势战略研判是文献中心"十四五"规划主攻方向一中的一项重大科研任务,请介绍一下这方面情况和未来的工作重心。

刘清:追踪世界科技前沿,研判国家战略需求,支撑科技战略决策,创新科技评价,化解外部技术封锁,护航国家科技创新,这是写入中心"十四五"规划里的内容。把它作为主攻方向一,和中心的使命、定位,科技创新发展密切相关。

实际上,过去我们围绕追踪世界前沿,在研判国家战略需求和支撑决策方面也做了大量工作,从某种意义上讲,这是战略情报体系的基础。与过去相比，要有所进步、有所提升、有所强化，在支撑国家需求、院党组决策方面体现出"高质量"。这需要我们提升能力、提高效率、强化队伍、扩大影响。比如，服务对象期望我们进一步提高情报的精准度，提升支撑效率。实际上很多工作我们已经做了，但总感觉服务还不到位，还差点儿什么。

存在这些不足有几方面原因。

一是受图书情报学科特点和文献情报行业自身的短板局限。情报发挥着耳目、尖兵、参谋的作用，它本身就带有很强的不确定性，需要进一步强化其功能。

二是我们自身能力不足，体制机制方面还有需要改进的地方。我们常用文献作全球科技态势分析，但不同来源的文献和数据库有不同的侧重，我们是挑选利于分析的数据来用，还是找到妥善、可靠、最丰富的数据来分析，其结果是不同的。在分析科技发展态势的时候，应该用"看天下科技"的方式，超越文献，看到发展的相关背景、部门、机构以及组织的动作、部署，包括他们对科技态势的看法。换句话说，我们需要一个结构化、多维度的视角来"看天下科技"，要有更丰富、更系统、更可靠的手段，让服务对象理解我们的认知、结论是怎么得出来的。

三是理解把握需求的能力常常有不足。我们如何组织团队，花多少时间和精力去分析，往往取决于对需求的把握和解读。有时候需求是一个电话、一封邮件，信息可能从领导发出，经层层"衰减"才能被我们接收。需求的表达和对需求的理解，都会影响我们精准把握需求。

战略情报研究通常需要"对话模式"，是不断与需求方互相提醒、互相提示、互相改进的过程。需求会不断根据我们的实际能力和条件变化，而我们也会根据需求表达的不同方式，不断改变情报分析策略。

当然，也有其他一些因素在起作用。

未来要针对这些不足，补短板、锻强板，形成战略情报体系，建成一支队伍（这支队伍实际上已经存在，但要不断优化，能力不断提升），打造一套机制（能支撑服务、保障机制和若干拳头产品的稳定架构），培育

甘当人梯　敢为人先——构建高水平科技知识服务机构之路

核心能力（形成按需快速服务、高效响应、高质量服务的"柔性能力"），产出可靠、可信、可用的服务和产品（对接中央、院党组需求快速响应高质量支撑的情报服务和产品）。

问题：武汉文献中心发展过程中有哪些重要的历史节点？

刘清：武汉文献中心1956年6月成立。其发展历程和中国科学院其他研究机构类似，经历过很多"风雨"，如"文化大革命"的冲击，机构的调整、合并等，其中有很多重大事件或重大举措。

武汉文献中心是国内图书馆界较早使用计算机提升服务能力的单位之一。1981年，武汉文献中心就引进CBM-4032微型计算机，并开始应用到图书馆工作中。20世纪90年代初构建了武汉分院的文献情报计算机网络，逐渐建立数据库和检索目录，较早完成了图书管理从卡片到电子目录的转型。

在参与国际合作方面，20世纪80年代武汉文献中心和国际图书馆界的交流就非常活跃。1980年，美国西蒙斯大学图书情报学院到武汉文献中心访问。1985年，美国俄亥俄大学图书馆馆长李华伟博士到武汉文献中心交流并建立馆际合作。从1985年到2012年，双方通过国际馆际合作协议，培养了大量的图书馆学方面人才。

问题：文献中心一直在尝试完善成建制、成体系的战略情报布局，武汉文献中心在其中处于什么位置？

刘清：我院的战略情报布局和中国科学院知识创新工程、"1+10创新基地"工作，以及国科图（筹）整合紧密相关。2006年国科图（筹）整合前，已经初步形成了一定的体系。上海、兰州、成都、武汉文献中心在一些关键领域都有布局。国科图（筹）整合完成了从机制变革到体制创新，我们按照分工协同开展情报研究，各中心都有自己服务的领域特色，其中武汉文献中心的领域分工是先进能源、新材料和先进制造，另外还根据实际需求，自主部署生物安全领域的情报研究。

国科图（筹）整合前，兰州文献中心在资源与环境方面成绩突出；成都文献中心在高技术、信息科技方面优势明显；上海文献中心在生命科学领域已站稳脚跟。但武汉文献中心特色不鲜明，没有明显的优势方向。我们研究了很长时间，觉得国家在能源（当时我们在煤、电、油、运方面存在一定压力）方面有强烈的情报需求，现有人员也基本具备切入这一领域的基础，于是选取能源战略作为方向开始相关工作，并很快取得成效。当时的工作以翻译国外最新的战略分析报告为主，在翻译中学习，在翻译中提高。从跟踪、监测、信息编译出发，我们一步步提升能力，夯实基础，一点一点取得进步，不断坚定立足领域特色做好战略情报研究的信心。我们把美国能源信息署的《国际能源展望》翻译出来，发给业界参考。这一举措得到时任中国科学院副院长李静海院士亲笔回复，强调情报机构就是要做这样的工作。这是对武汉文献中心相关工作的高度肯定和重要的方向指引，也自此确定了武汉文献中心聚焦能源、材料等领域的战略情报研究定位。

问题：武汉文献中心统筹发展，发挥自身优势，不断提高服务能力和影响力，未来有哪些令人期待的亮点？

刘清：我去年到武汉文献中心工作。通过半年多了解和分析，把握武汉文献中心发展的状况，分析优劣势、长短板，经党委反复讨论，从去年下半年开始，我们就着力推动"双提升计划"——能力提升计划和影响力提升计划。

这是武汉文献中心解决发展问题的一项重大举措，现在基本上已经形成体系，大幕已经拉开，有些方面已初见成效。

对照中国科学院创新发展的要求，对照院党组对文献情报工作的需求，我们的工作还存在众多不足。具体到武汉文献中心，学术影响方面无法和兄弟中心比肩，业务能力方面也与兄弟中心有很大落差，同时在工作氛围方面也存在一些亟待解决的问题。总之，从人的角度看，能力不足，需要提升；从机构层面说，作为机构的整体形象还需要系统性的设计。基于这样的考虑，我们提出"双提升计划"。

甘当人梯　敢为人先——构建高水平科技知识服务机构之路

能力提升计划的重点是能力建设、内生育才。通过学术交流，拓展学术视野，通过人员流动请进来、走出去，培养骨干力量。同时对管理人员进行管理创新和能力提升，提高效率、规范管理。从人才队伍、学术交流、人员流动、管理创新、继续教育五个方面，体系化、有针对性地进行教育强化，提升个人能力。

影响力提升计划，一是进行质量流程控制，保证能高质量、高水平地完成工作的制度；二是构建特色品牌；三是规范新闻宣传和成果发布流程；四是通过学术交流提升机构影响力、领军人物影响力；五是扩大社交媒体影响力；六是强化公益服务职能，树立数据中心形象。其中的重点是流程再造和规范，同时结合中央放管服要求，让工作流程可描述、可分析、可衡量。

问题：武汉文献中心在生物安全、能源情报研究中，已体现出"图情人"的精神特质，这种精神应如何传承？

刘清：图情人的精神是通过"人格和成就"来传承的。我们身为文献情报行业的一员，受益于众多有识之士、前辈先贤的探索、努力，现在的发展基础，离不开他们的成就和奉献。几十年来，我们得益于众多前辈的奉献和智慧，在"图书情报一体化"理念和实践上取得了开创性的成果，探索学科化服务、实践数字化转型、高举知识服务大旗，在全球图书馆界产生了影响，以及还有其他一些重要的学术贡献和业界影响。图情人的精神通过一系列重大事件、重大成就，在一代代图情人身上得到了体现。我们身处当前形势纷繁复杂、发展迅速的时代，理应也必须传承前辈图情人的情怀，作出应有的贡献，在中心发展的历史脉络上留下属于这个时代的传承印记。

问题：对武汉文献中心未来的发展，您有什么期待？

刘清：中心"十四五"规划深入分析了我们这个行业面临的机遇和挑战，数字化、网络化的环境，数据驱动的科研范式转变，传统业界之外的冲击等，其影响是深远的，有可能是颠覆性的，我们面临的压力是巨大的。回顾过去发展的历史，我们面临诸多冲击和挑战，都能妥善应对，并取得出人意料的成果，找到出路。我坚信在中心领导班子带领下，我们把握科技发展大势，发挥好耳目、尖兵、参谋作用，一定会创造新的辉煌。

武汉文献中心将时刻牢记"国家事""国家责"的使命担当，紧密围绕"四个率先""两加快一努力"，秉持"全中心一盘棋"的原则，抓牢抓实国家、中国科学院及文献中心"十四五"规划的落地见效，以问题、需求和服务为导向，深入推进"双提升计划"，持续深耕先进能源、新材料与先进制造、生物安全、光电科技等领域方向，突出科学计量、专利标准分析等理论方法优势，重点做好国家和我院相关领域发展战略、重大战略任务的情报支撑工作；聚焦研究所重要发展战略，服务研究所重大科技任务及科技创新全链条；围绕国家区域发展重点战略，产出高质量产业发展规划、产业分析报告等；着力推动"弘扬科学家精神文献宣传主阵地"建设，大力弘扬科学家精神。力争在"十四五"重点方向和任务上取得显著成效，努力成为院党组信任、科学家倚重，能为国家科技发展提供战略决策支撑的特色领域科技情报研究与知识服务机构。

曲建升
成都文献中心的"迭代升级"

导读

作为中国科学院设在西南地区的战略咨询研究和信息服务机构，成都文献中心在高水平科技智库建设、国家科技文献信息保障和服务国家重大战略方面起着举足轻重的作用。当前，成都文献中心已完成从传统科技图书馆到研究型图书馆的转型，正处于建立高水平知识服务与科技智库咨询机构的迭代升级中。如何在文献中心"十四五"规划中找准定位，如何让文献中心的规划落地生根？曲建升书记讲述了一个信息服务机构实现"迭代升级"的实践案例。

曲建升 文献中心副主任（兼），成都文献中心党委书记，研究员。

问题：在文献中心"十四五"规划中，您是主攻方向二的领军人才，请介绍一下具体规划和落地发展方面的想法。

曲建升：文献中心"十四五"规划主攻方向二的具体任务是"建设支撑高水平科技自立自强的学科情报服务体系"，主要包括学科咨询、知识产权情报、产业创新情报、数字化信息素养培训服务几个方面。其中有些是基于传统工作的拓展，有些是在原来工作基础上构建的新工作模式。

一是学科咨询（科研机构创新能力评估与支撑服务）。这属于文献中心有长期积累的一项工作，我们面向研究所的很多服务都属于该类型。2006年国科图（筹）整合完成后，以学科馆员工作模式加强了与研究所的合作，"十四五"期间，学科咨询工作重点是瞄准中国科学院各研究所聚焦主责主业的重点任务开展服务，以支持科技自立自强、推进基础研究能力的提高为目标开展文献情报的保障服务。

二是知识产权情报。知识产权情报工作近两年发展迅速，是一项有清晰边界和考核目标的业务。我们将以专利为切入点，以各类知识产权为对象开展工作。重点是建立连接知识产权生产者和用户的网络，做好两端的服务和支持工作。近期任务是建成专利分级分类工具，强化专利价值评估和技术成熟度评估能力，形成体系化的专利技术转移效率评价能力及相关的理论、方法与技术。

三是产业创新情报研究。即支撑产业链、供应链自主可控的产业创新情报研究。主要是聚焦国家科技自立自强的任务落地目标，在系列国家重大区域战略下发挥科技情报的支撑作用，开展对国民经济运行有重要影响的关键产业技术创新监测和创新发展情报研究。以需求为牵引，加强数据驱动，智慧赋能，支持国家有竞争力的技术与产业体系的发展。

四是数字化信息素养培训。这也是图书馆传统业务的拓展，通过对读者、研究生、青年科技工作者进行专门的培训或普惠式的知识与能力的传播，面向当下与未来服务科技界科技创新思想与能力的系统性提升。主要培训内容包括但不限于信息检索、知识分析、数据管理、写作出版、创新方法、学术交流和成果评价等系列培训工作。这方面文献中心已形成品牌，"十四五"期间要进一步强化引领能力，重点要加强对新时期科研任务团队创新能力提升的支持，持续提高开放课件的水平，着力培养未来科研队伍。

五是智慧数据体系建设。通过数据体系建设来支持决策，面向国家及具体的科研情报需求，综合利用各种分析手段，提供高质量的情报服务和产品，建立"数据支持－情报服务－用户需求"的协同工作场景，形成统一组织、统一产品、统一出口、统一标识的情报服务和产品，瞄准科研范式发展与变革的新挑战，支持新模态下科技创新工作的情报需求。

学科馆员工作机制是我院文献情报系统有积累、有影响的工作方式，我们将持续加强建制化、专家化的学科咨询保障服务能力建设，强化目标

甘当人梯　敢为人先——构建高水平科技知识服务机构之路

牵引，培养一批专业基础扎实、服务能力强、有责任心的学科馆员，沉底到研究所科研决策和创新任务的服务一线，着实保障好研究所和科研团队的情报需求。

问题：支持数据体系建设是学科情报服务的"重中之重"，前期有哪些成功的案例？

曲建升：我院文献情报体系一直非常重视数据和知识的积累，近些年通过数据挖掘和知识组织的前沿工作，使我们学科情报保障能力持续提高，好的服务效果不断显现。下面以我们全中心正在统筹开展的"双碳"工作为例来讲一下。

双碳工作目前已超出原来气候变化的范畴，并将推动系统性的社会变革。中国科学院文献情报系统有多个团队在做这方面的工作：兰州文献中心一直致力于气候变化情报研究，影响较大；武汉文献中心在能源保障方面颇具优势，有很好的经验；文献中心在碳减排相关的基础研究和关键产业技术情报服务方面积累深厚；成都文献中心生物质能、数字经济和核能情报团队的工作也具有很好的基础。

在长期工作基础之上，各中心也都拥有系统性的知识资源积累和保障机制。如：兰州文献中心建立了全球碳排放数据库，来支持国家对碳排放和气候变化的应对策略，目前还在进行全球双碳情报监测，提供实时的情报服务；武汉文献中心研发了双碳"决策驾驶舱系统"，跟踪全球能源体系的流动消费及碳排放；成都文献中心在"知识产权平台"的优势工作基础上，建立了"双碳技术专利平台"；文献中心有着强大的资源和技术优势，正在推进建立集成化的双碳决策支持平台。这些工作将有力支持我院双碳科技行动计划的相关决策和科研任务。

问题：成都文献中心在过去的发展中有哪些可圈可点、值得记录的重要事件？

曲建升：值得记录的事件很多，比如我国专利申请和保护制度的建立。1985年4月，我国正式启动专利申请和保护制度，最初囿于技术手段，专利的管理和检索分析工作效率很低。成都文献中心的专利团队主动思考和设计，从专利文献的基础工作开始，在庞大的专利文献里做检索系统，把印本转成数字形式录入系统，建立中国的专利数据库。当时完全是基于手工做这些工作，而且实现了自动抽取关键词，出版了中国专利数据库（累计索引3集6卷）。"十年磨一剑"，这些现在看来很"原始"的工作，为后来更高水准的专利服务锻炼了团队、积累了经验。

20世纪90年代初，计算机网络尚未充分发展，计算机还处在"286时代"，但成都文献中心就已形成了专利数据库，面向全国科研人员，提供包括互联网、局域网、电话、传真、信函、电子邮件等方式的专利服务。

专利本来是一项业务工作，成都文献中心把它做成一门学科，面向国际介绍我们的专利研究成果，并发表论文、出版专著，成为在国内外同行中有一定影响力的研究高地。

1993年，该工作获得中国科学院科技进步奖二等奖。1995年获得国家科技进步奖三等奖。

问题：成都文献中心如何在文献中心的统筹发展中，保持特色并不断提升自己的服务能力和影响力？

曲建升：中国科学院文献情报系统是个有机的、分布式的业务架构体系，各中心之间一直有着密切合作、互相支持的工作机制。2006年国科图（筹）整合后，业务组织更加紧密，也避免了内部的业务领域的重叠问题，文献中心统筹领导、各中心协同分工的工作机制进一步加强。

成都文献中心当时按照分工优化了团队，持续强化所负责的生物和信息科技这两大学科领域的情报优势，确保在中国科学院情报业务分工体系里发挥好保障和支持作用。2021年，联合国生物安全大会在昆明召开，我们的生物科技团队就带着相关成果参会，取得了非常好的效果，在国家和中国科学院有需求的时候能"顶得上"。这样的工作与长期的投入和积

| 甘当人梯　敢为人先——构建高水平科技知识服务机构之路

累密不可分。

成都文献中心知识系统研发团队的力量也比较强，在数据管理和服务、知识挖掘、知识图谱、构建决策服务场景等方面已形成规模化的影响力。成都文献中心也强化知识系统团队对情报研究、决策咨询、科技评价、知识服务和专利分析等工作的支持，着力加强并改造传统的文献情报工作机制，目前看，已经取得初步成效，"十四五"期间我们将在这方面按更高的要求推进。

在服务国家战略方面，成都地处西南，在国家"一带一路"倡议、长江战略、成渝战略，以及面向东南亚、青藏高原和黄河流域的国家或区域战略的落地过程中，我们都积极发挥情报咨询和科技评价的作用，并取得一系列有意义的服务案例。

成都文献中心的发展一直得到文献中心的支持，包括在成都建立中国科学院战略储备书库、申请数据资源灾备中心等。下一步，成都文献中心将按照文献中心的统一部署做好以下工作：一是持续加强以生物和信息为学科平台的战略情报体系、学科竞争情报体系，持续提升情报咨询能力；二是不断加大各种情报决策、情报监测和知识挖掘的技术支撑能力，打造有智慧化决策功能的系列平台；三是持续强化知识产权方面的工作，让它成为支持国家创新战略，支持区域经济社会发展的重要出口；四是依托成都科学城的新馆，建成西南地区科学图书传播平台，赋能传统图书馆业务持续升级。

问题：您对图情精神有什么看法？如何传承这种精神？

曲建升：提到图情精神，我首先想到了一个人——中国科学院图书馆的第一任馆长陶孟和先生。1951年，中国科学院图书馆成立，陶孟和作为中国科学院副院长兼任馆长，开始了从无到有构建全新中国科学院图书馆的任务，在中国科学院图书馆建设的过程中，他提出了很多重要思想和举措，奠定了我们70多年的发展基础。

他不计私利，先人后己，把自己的一切都奉献给科学图书事业。非常幸运，这种文献情报的文化基因传了下来。中国科学院文献情报系统在不同发展时期的很多领导都以文献情报事业大局为重，在各种艰难困苦的条件下，作出了很大的贡献，把文献情报工作做得有声有色。面向未来，国家对我们的要求更高、任务更重。我们应在老一辈图情人的基础上把这种精神代代传递下去，作出更好的成绩。

问题：您对文献情报中心的发展有什么寄语？

曲建升：谈点我的体会和希望吧，希望图情人能始终保持对文献情报工作的热情，紧盯决策和科研的文献情报需求，充分调动和发展新一代情报技术，发掘和组织多类型知识资源，发动和激励全中心人员，做新时代文献情报工作新范式的开拓者，做国内外文献情报科学与实践的引领者，在建设世界科技强国的征程中，作出当代图情人的贡献。

Appendix
附 录

大事记

1950年

4月，中国科学院在办公厅下设图书管理处，负责管理全院图书工作。

1951年

2月，图书管理处更名为：中国科学院图书馆，承担统筹管理全院图书收集、采购、服务工作。首任馆长由中国科学院副院长陶孟和兼任。

1952年

1月，时任中国科学院院长郭沫若批准试行《中国科学院图书馆组织规程》(草案)。

1954年

7月，中国科学院院务会议通过《中国科学院图书馆暂行组织规程》。

1955年

1月，由我馆编印的《中国科学院图书馆图书分类法简表》(初

甘当人梯 敢为人先——构建高水平科技知识服务机构之路

稿）开始试用。

1956 年

7月，陶孟和馆长在《人民日报》发文，提出"图书馆要为科学家服务"的主张。

8月，创办《中国科学院图书馆通讯》。

10月，中国科学院科学情报研究所成立。

1957 年

4月，编制新中国图书分类体系的代表作《中国科学院图书馆图书分类法》。

9月，国务院第57次全体会议批准科学规划委员会制定的《全国图书协调方案》，我馆成为全国第一中心图书馆委员会成员，向全国科学工作者开放。

1958 年

5月，在中关村地区设立西郊服务站。

9月，中国科学院创立中国科学情报大学，设有图书馆学系、科学出版系、科技情报系。

10月，中国科学情报大学在我馆开办图书馆专修科，由我馆负责全部教学工作。

11月，《中国科学院图书馆图书分类法》由科学出版社正式出版，并由新华书店发行。

1959 年

11月，中关村书库落成，我馆正式设立自然科学服务部。

是年，佟曾功从苏联国立莫斯科图书馆学院研究生部毕业，获教育科学副博士学位，并入馆工作。

是年，开展新中国专利文献工作。

附 录

1960 年

3 月，制定"深入调查研究，积极整顿充实，紧密联系读者，提高服务质量"工作方针，开展各种形式的调查研究、比学赶帮及基本功训练等工作。

1968 年

中国科学院修建的四川双流万安 6,000 平方米战备书库竣工，我馆部分外文复份书刊和满铁资料等珍贵文献运往此书库保存。

1976 年

10 月，试验 QJ-11 计算机文献检索系统。

1977 年

11 月，《光明日报》发表《一切为了科研第一线——中国科学院图书馆纪事》一文。

12 月，中国科学院发布《关于加强我院图书情报资料工作的通知》，恢复我馆对各所图书资料部门的业务指导关系。

12 月，筹备成立科学情报研究室。

1978 年

12 月，中国科学院第一次图书情报工作会议在广州召开。会议确定在中国科学院系统内实行图书情报一体化体制，首次提出"图书情报工作是科学研究工作的一个组成部分，图书情报人员是科学研究人员的一个组成部分"。

1979 年

4 月，分别与北京大学图书馆学系（现为北京大学信息管理系）、中国科学院计算所建立研究生的联合培养模式，启动研究生教育工作，成为国内第一家非高等教育机构培养本领域研究生的机构。

| 甘当人梯　敢为人先——构建高水平科技知识服务机构之路

12月,《中国科学院图书、资料、情报业务人员定职、升职试行条例》(草案),经中国科学院批准后试行。

1980年

2月,加入美国连续出版物和图书交换中心(USBE)。

1981年

2月,成为国际图书馆协会联合会(IFLA)的机构会员。

1983年

4月,牵头组织开展中国科学院全院文献数据库和文献信息共享系统建设。

1984年

4月,参与国家重点工程"科学数据库工程"中"计算机科学技术文献库"的建设任务。

1985年

4月,中国科学院科技进步奖设立图书情报成果奖项。

11月,中国科学院院长办公会审议通过并发文[(85)科发计字1287号],"中国科学院图书馆"更名为"中国科学院文献情报中心",同时保留"中国科学院图书馆"的名称。

1986年

4月,《中国科学院图书情报人员升级晋职条例(草案)》获得中国科学院批准。

7月,文献中心成为图书馆学、科技情报学专业硕士学位授予点。

8月,进行专业技术职务的聘任工作。

是年,组建学科情报研究部、综合情报部;开展文献情报服务

附 录

自动化、网络化建设，并建成一批检索系统。

1987 年

3月，建立中国科学院第一个国际联机终端，并开通西德STN系统国际联机检索终端，正式开展检索业务。

1988 年

6月，专利文献检索室正式开放。

1989 年

1月，与DATA-STAR系统接通，成为在中国的第一个终端系统，并开始为院内外用户服务。

是年，组织研建中国科学引文数据库（CSCD）。

1993 年

6月，牵头联合北京大学、清华大学图书馆，共建中关村地区网上书目文献信息共享系统（APTLIN）。

9月，成为图书馆学专业博士学位授予点。

1994 年

2月，被国家科委批准为"国家一级科技查新咨询单位"。

1995 年

6月，开通Internet网络，面向院内外读者提供万维网（WWW）服务。

1996 年

4月，与南京大学联合获得情报学专业博士学位授予点。

5月，实施"中国科学院网上文献信息共享系统"工程（第一期）。

| 甘当人梯　敢为人先——构建高水平科技知识服务机构之路

8月，第62届国际图书馆协会联合会（IFLA）大会在北京召开，并参观文献中心。

2000年

6月，作为核心发起单位和主要成员，参与组建"国家科技图书文献中心"（NSTL）。

2001年

3月，开展"双进"行动工作。

9月，中国科学院图书馆与档案馆新馆竣工。

10月，经中国科学院院长办公会审议通过《中国科学院文献情报中心知识创新工程试点工作方案》和《中国科学院文献情报系统"十五"建设方案》，文献中心进入中国科学院知识创新试点工程序列。

11月，引进中国科学院文献情报系统"百人计划"入选者张晓林。

12月，启动中国科学院国家科学数字图书馆（CSDL）建设项目一期建设。

是年，创立"中国科学院文献中心期刊分区表"。

2002年

6月，中国科学院图书馆新馆正式开馆。

2003年

4月，成立科学文化传播中心。

10月，联合中国科学院院内地区文情单位和科研机构文献单位，牵头启动面向全院的"服务百所行"推广活动。

2004年

11月，协办中国科学院知识创新成就展。

是年，全面启动嵌入式支持国家、中国科学院重大科技项目的学科情报研究服务。

2005 年

6月，张晓林当选国际图书馆协会联合会（IFLA）管理委员会委员。

12月，经中国科学院党组会审议决定，原则同意中国科学院规划战略局提出的创新三期院文献情报系统改革方案，决定将院级文献情报机构整合为中国科学院国家科学图书馆，实行理事会领导下的馆长负责制。总馆设在北京，下设兰州、成都、武汉3个二级法人分馆。

12月，文献情报系统改革领导小组成立；中国科学院国家科学图书馆筹备工作组成立。

2006 年

3月，中国科学院国家科学图书馆（筹）揭牌仪式在北京举行，并通过视频方式在兰州、成都、武汉同时举行分馆揭牌仪式。

2007 年

3月，联合组建面向科技创新决策、面向中国科学院"1+10"科技创新基地的战略情报研究服务体系。

是年，启动建设中国科学院机构知识库。

2008 年

3月，国务院发布《国务院关于公布第一批国家珍贵古籍名录和第一批全国古籍重点保护单位名单的通知》(国发〔2008〕9号)。其中，中国科学院国家科学图书馆（筹）被列入第一批全国古籍重点保护单位名单。

6月，"北京分院创新文化广场"正式挂牌启动。

甘当人梯　敢为人先——构建高水平科技知识服务机构之路

2009年

4月，正式启动以院所协同联盟形式推进建设的中国科学院机构知识库网格（CAS IR GRID）。

2010年

10月，"第八届开放获取柏林国际会议"在文献中心成功举办。

是年，启动综合数字知识资源基础设施建设，建成综合科技资源集成登记系统（IRSR）。

2011年

3月，获得唯一的非高校的图书情报与档案管理一级学科博士学位授予权。

10月，《中国科学院文献情报中心"十二五"发展规划》正式获批。

11月，中国科学院院士文库启动建设。

2012年

5月，启动多馆联盟下中国科学院全院图书馆统一自动化系统建设。

8月，设立图书情报与档案管理博士后科研流动站，并建立《国科图博士后管理工作实施细则》，启动博士后招收工作。

10月，举办中国开放获取推介周活动。

2013年

11月，经中国科学院院长办公会议批准"中国科学院档案馆"为非法人单元，主管部门为院办公厅，挂靠文献中心。

11月，发起成立全国科学院联盟文献情报共享分会。

是年，国际科技态势监测平台、知识库平台为中国科学院科学思想库建设提供支撑。

附 录

是年，与 Springer 出版集团签署 Springer Protocols 长期保存协议。

2014 年

1月，中国科学院发文（科发人字〔2014〕36号），根据《中央编办关于中国科学院资源环境科学信息中心更名的批复》（中央编办复字〔2014〕13号），不再使用中国科学院国家科学图书馆（筹）、中国科学院国家科学图书馆（筹）兰州分馆、中国科学院国家科学图书馆（筹）成都分馆和中国科学院国家科学图书馆（筹）武汉分馆的名称。中国科学院资源环境科学信息中心（中国科学院国家科学图书馆（筹）兰州分馆）更名为中国科学院兰州文献情报中心。

2016 年

6月，中国科学院西北生态环境资源研究院（筹）（简称西北研究院）成立，中国科学院兰州文献情报中心被整合进入西北研究院（筹）。

6月，联合研究所、科技期刊建立国内首个按国际通行模式规范运营的预发布平台（ChinaXiv）。

11月，《中国科学院文献情报中心"十三五"时期"一三五"规划任务》正式获批。

2017 年

3月，张晓林当选粒子物理开放存取出版联盟（SCOAP[3]）理事会执行委员。

5月，推出"中国科讯"移动平台及微信公众号。

6月，"学术期刊动态语义出版与知识服务重点实验室"正式揭牌成立。

10月，与中国科学院大学经济与管理学院共建成立"图书情报与档案管理系"。

11月，文献中心与成都文献中心分别被国家知识产权局正式授予全国首批"国家知识产权分析评议服务示范机构"。

甘当人梯　敢为人先——构建高水平科技知识服务机构之路

2018 年

7月，《数据与情报科学学报（英文版）》（Journal of Data and Information Science，JDIS）被 Scopus 数据库收录，成为图书情报领域首份被收录期刊。

12月，科技信息大数据知识资源体系与"慧"系列知识服务平台开通。

2019 年

1月，武汉文献中心获批成立"科技大数据湖北省重点实验室"。

2020 年

1月，武汉文献中心开发"COVID-19科研动态监测"平台并上线。

2月，成都文献情报中心建设的《新型冠状病毒（2019-nCov）感染肺炎防控集成信息平台》3.0版正式上线发布并开展服务。

2月，开通 WebVPN 电子资源远程服务。

2月，开通中国科学院科研信息素养讲堂。

4月，中国科学院党组决定文献中心作为院首批实行党委领导下的行政领导人负责制改革试点单位。

9月，文献中心、成都文献中心与武汉文献中心分获世界知识产权组织"技术与创新支持中心（TISC）"授牌。

11月，中国科学院知识服务平台建成。

2021 年

1月，新一届领导班子正式上任，全面启动党委领导下的行政领导人负责制改革试点工作。

8月，重组业务架构，聚焦主责主业，强化智慧数据体系建设，驱动文献情报业务新模式。

10月,第十七届数字资源长期保存国际学术会议(iPRES 2021)召开,国家数字科技文献资源长期保存系统初步建成。

2022年

7月,《中国科学院文献情报中心"十四五"科技创新规划》正式获批。

7月,文献中心首次人才工作会议在京召开。

8月,获批成为中国科学院继续教育基地。

获奖情况一览

1978年

3月

中国科学院图书馆参加合作完成的"一号科研任务"项目获中国科学院颁发的重大科技成果奖,并获全国科学大会颁发的奖状。

1986年

10月5日

文献中心参与编制的《中国图书馆图书分类法》第二版,荣获1985年国家科学技术进步奖一等奖。

10月18日

文献中心主持编制的《中国科学院图书馆图书分类法》修订第二版荣获国家科委颁发的科技情报成果奖二等奖。

10月

文献中心与长春光机所协作共同研制的 LASIRS(M-160H)多用户联机情报检索软件系统(STIRS)获中国科学院科学技术进步奖三等奖。

11月8日

《遗传工程》获中国科学院科学技术进步奖三等奖。

《中国科学院图书馆图书分类法》修订第二版获中国科学院科学技术进步奖三等奖。

《多用户联机情报检索软件系统》获中国科学院科学技术进步奖三等奖。

1987年

11月23日

文献中心编辑的《科研管理》杂志获中国科学院科学技术进步奖二等奖。

1988年

5月

《中国科学院西文连续出版物联合目录系统》在国家科委主持的全国科技情报数据库评比中获优秀数据库奖。

9月15日

《中国科学院西文连续出版物联合目录系统》获中国科学院1988年度科学技术进步奖二等奖。

1989年

3月20日

《中国科学院西文连续出版物联合目录系统》获国家科委1988年全国科技情报数据库评比二等奖。

11月10日

文献中心与中国科学院物理所、高能物理所等共同研制的《中国物理文献检索系统》获中国科学院科学技术进步奖三等奖。

1990年

10月26日

文献中心参与研究的《铁磁实心转子异步电机理论与计算方法》获中国科学院自然科学奖二等奖。

"国外科技成果奖励研究与实践"课题，获1990年中国科学院科学技术进步奖三等奖。

甘当人梯　敢为人先——构建高水平科技知识服务机构之路

1991年

10月17日

《中国科学院文献资源合理布局》获中国科学院科学技术进步奖二等奖。

《中国科学院文献情报工作发展战略研究》获中国科学院科学技术进步奖二等奖。

《生物工程信息系统的建立与研究》获中国科学院科学技术进步奖三等奖。

《检索性书刊排与造库系统》获中国科学院科学技术进步奖三等奖。

1992年

9月

文献中心主持的《中国科学院文献情报工作发展战略研究》项目获国家科委颁发的全国优秀科技情报成果奖二等奖。

文献中心参与的"情报文献工作标准研究及标准的制定"获全国优秀科技成果奖一等奖；同年12月，获国家科委1992年度科技进步奖二等奖。

11月2日

《图书情报工作》被评为1992年中国科学院优秀期刊一等奖。

12月26日

由国家科委、中宣部、新闻出版署组织的首届全国优秀科技期刊评比中，《图书情报工作》荣获一等奖。

12月

《中国科学院文献资源合理布局》获国家科学技术进步奖三等奖。

1993年

5月10日

文献中心主持的《北京地区西文科技期刊联合目录数据库》获1993年中国科学院科学技术进步奖三等奖。

附 录

10月23日

由成都文献中心、文献中心参与完成的《中国科学院科技成果查新制度的建立及其实施方案的研究》获1992年中国科学院科学技术进步奖三等奖。

1994年

11月14日

文献中心作为第二参加单位共同完成的《中国古代重大自然灾害和异常年表总集》系列研究获中国科学院自然科学二等奖。

文献中心参与完成的《CCBD-CD中国化学文献光盘数据库》获中国科学院科学技术进步奖三等奖。

1995年

10月20日

《中国物理学文献数据库》(CPD)获中国科学院科学技术进步奖二等奖。

1998年

12月16日

《中关村地区书目文献信息共享系统》(APTLIN)获得中国科学院科学技术进步奖二等奖。

《中国科学引文数据库》获中国科学院科学技术进步奖二等奖。

1999年

10月8日

《中国科学院网上文献信息共享系统工程》(第一期)获中国科学院科学技术进步奖二等奖。

2002年

文献中心情报研究部被中共中央办公厅秘书局评为2002年度

| 甘当人梯　敢为人先——构建高水平科技知识服务机构之路

"向中共中央办公厅报送信息先进单位"。

2009 年

中华全国总工会授予文献中心情报研究部"工人先锋号"荣誉称号。

2014 年

12 月

四川省科学技术厅、四川省委宣传部和四川省科学技术协会联合发文授予成都文献中心"四川省科普工作先进集体"荣誉称号。

2018 年

10 月

中国科学院通报表彰了在"率先行动砥砺奋进——'十八大'以来中国科学院创新成果展"中作出重要贡献的先进集体和先进个人，文献中心获得先进集体、6人获得先进个人表彰。

12 月

武汉文献中心《加快建设有特色构架科学中心奋力抢占科技创新制高点》获得2016—2017年度湖北省优秀调研成果二等奖。

2020 年

12 月 10 日

"面向研究生创新能力培养的信息素养通识教育改革研究与实践"获得中国科学院教育教学成果奖二等奖。

2021 年

9 月 25 日

文献中心参与的"科技期刊一体化融合出版关键技术研究与产业化应用"项目，荣获2020年度北京市科学技术进步奖二等奖。

2022年

7月27日

在中国科学院首届京区党建工作论坛暨2022年京区党建工作推进会上,文献中心党委荣获"党委履职尽责"奖。

后 记
Postscript

2022年是"十四五"的开局之年,对于文献中心来说也是不平凡的一年。

我们面对巨大压力和挑战,以时不我待、只争朝夕的精神状态,以坚韧不拔、迎难而上的拼搏斗志,以超乎寻常的紧迫脚步踏上新的奋进征途,开启全面转型的新篇章。

历史的航程波澜壮阔,时代的大潮奔腾不息。驻足回望,是什么支撑着我们坚持主动求变,打破束缚思想的桎梏,转变传统业务的模式,破除阻碍发展的藩篱?是几代图情人一脉相传的"甘当人梯、敢为人先"的精神。

文献中心成立之初艰辛探索,靠着老一辈图情人的一股勇气和劲头,开辟了一片天地。70多年来,文献中心的事业发展承载着几代人的夙愿和理想,凝结着几代人的心血和探索。站在新时期的起点,我们希望以此书将这种精神和理想记录下来,激励新一代图情人,牢记作为科技情报国家战略科技力量的使命担当,坚持在改革中实现转型发展,塑造新时期文献中心的崭新模样。

本书的编写,在文献中心党委领导下,由党委办公室具体牵头组织。在文献中心历任领导的指导和关心下,金碧辉、周宁丽、孟广均、姚丹丹、夏源、徐引篪、唐宏瑞(按姓氏笔画排序)等多位老领导、专家执笔完成早期资料的梳理。

在此基础上,我们就历次重大改革的进程、身处改革中的感受以及如何参与当下等问题,对包含文献中心现任领导、部门主管、退休干部在内的30余人进行访谈,获取了40余万字的访谈资料。通过对上述内容整理,我们抓

甘当人梯　敢为人先——构建高水平科技知识服务机构之路

取文献中心历次改革进程中的关键性事件，并结合不同时期外部媒体对文献中心的报道，尽力还原数次成功改革背后的故事。

在本书编写过程中，我们也曾试图将所有受访者提供的故事细节进行一一记录，但迫于全书篇幅及成稿时间的限制，我们只选取了发生在个别同志身上的事件进行细致描述，无法一一展开，尤其是从繁重的工作中抽出时间配合我们采访，为我们提供文字资料的张迪、王丽、陈小莉、方晓东、李宜展、王燕鹏等多位老师。在他们的故事里，我们同样读到了大家作为图情人的骄傲与奋进，读到了崇高的理想与无悔的青春。

本书成稿之时，文献中心成立已有70余载，一批离退休老同志年事已高，我们不忍再去叨扰访谈，过往岁月中令人难忘的瞬间再也无从得知，令人惋惜遗憾。而在本次访谈中，我们屡屡听到他们的后继者提及往日老一辈的教诲与提携，言语中充满暖意与情谊，令人动容。这也正是而今年轻一代对图情精神的传承，更是他们坚守岗位并将中国科学院图情事业发扬光大的精神法宝。

本书编辑出版是集体劳动的成果。中国科学院青藏高原研究所所长陈发虎院士、中国科学院过程工程研究所所长张锁江院士、中国科学院精密测量科学与技术创新研究院刘买利院士、中国科学院发展规划局局长翟立新与国家科技图书文献中心主任许倞等关心文献中心发展的专家领导为本书做推荐。文献中心党委书记李猛力亲力亲为策划、指导，全程参与本书的资料整理、采写、修改及出版，对本书得以顺利完成作出了很大贡献。感谢文献中心党政班子成员李猛力、刘细文、李春旺、胡伟、张智雄、潘亚男与张冬荣，历任领导、专家徐引篪、张晓林、黄向阳、刘会洲、何林、戴利华与张薇，宣传工作组成员梁娜、胡艳、韩涛、张海峰、钱力、谢靖、刘雅静、刘艳丽、李楠、张洪峰，本书工作组成员田宏、张宏翔、涂志芳等对本书审稿工作的大力支持。感谢初景利老师为本书成稿做最终的内容审修，确保了本书内容的专业性。

2022年是充满期待和希望的一年，我们在这里开启新的征程，摆在我们

后 记

面前的任务更艰巨、挑战更严峻。我们要传承文献中心老一辈图情人的精神，接力前行、跑出加速度，满怀豪情向未来！

正所谓"长风破浪会有时，直挂云帆济沧海"。

本书编辑团队
2022 年 9 月